Build It!

Make Supercool Models with Your Favorite LEGO® Parts

THINGS THAT GO

Jennifer Kemmeter

GRAPHIC ARTS
BOOKS®

Contents

Railway Adventure: Steam Locomotive

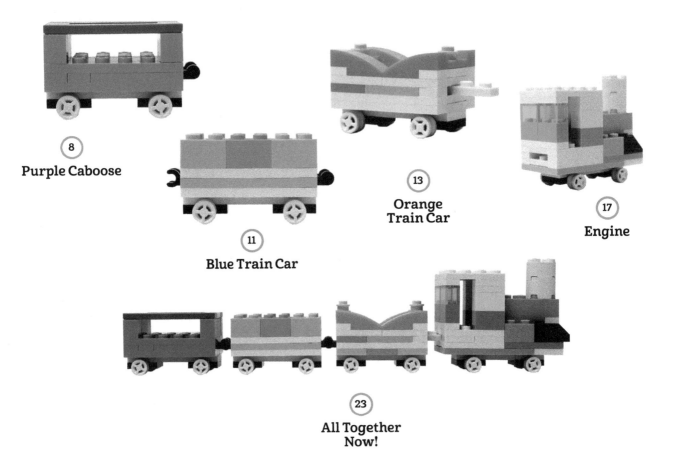

Winter Wonderland

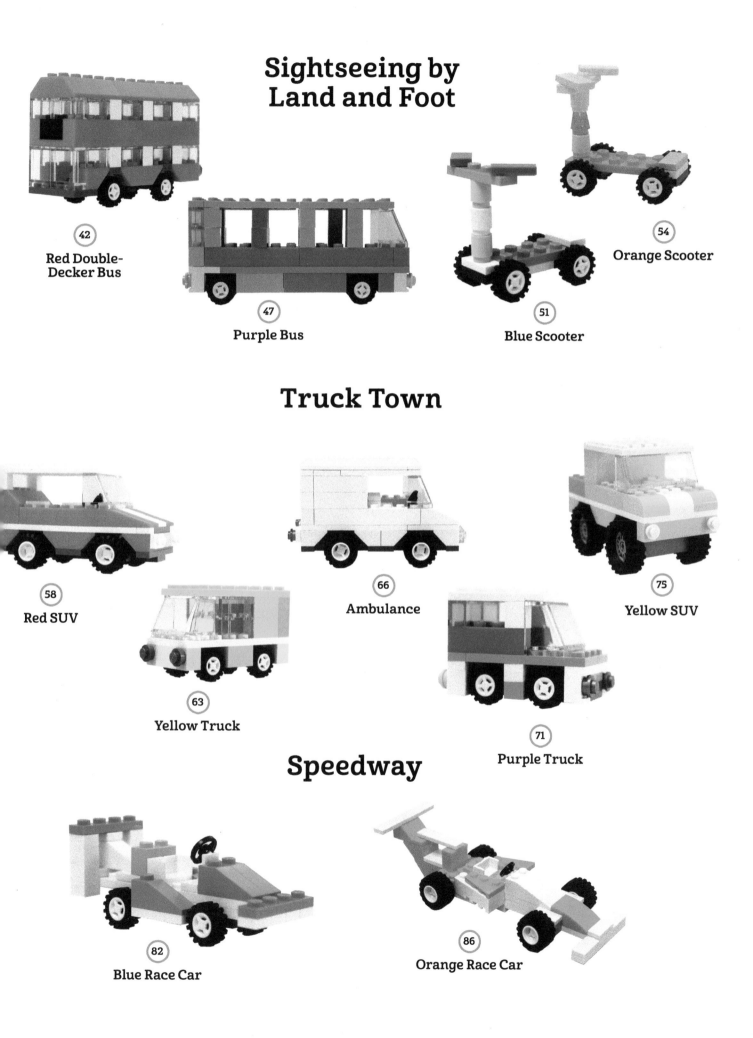

Sightseeing by Land and Foot

42 Red Double-Decker Bus

47 Purple Bus

51 Blue Scooter

54 Orange Scooter

Truck Town

58 Red SUV

63 Yellow Truck

66 Ambulance

71 Purple Truck

75 Yellow SUV

Speedway

82 Blue Race Car

86 Orange Race Car

How to Use This Book

What you will be building.

Build a Blue Snowmobile

A photo of what your finished snowmobile will look like.

An illustration of the finished snowmobile that looks like the pictures in the steps.

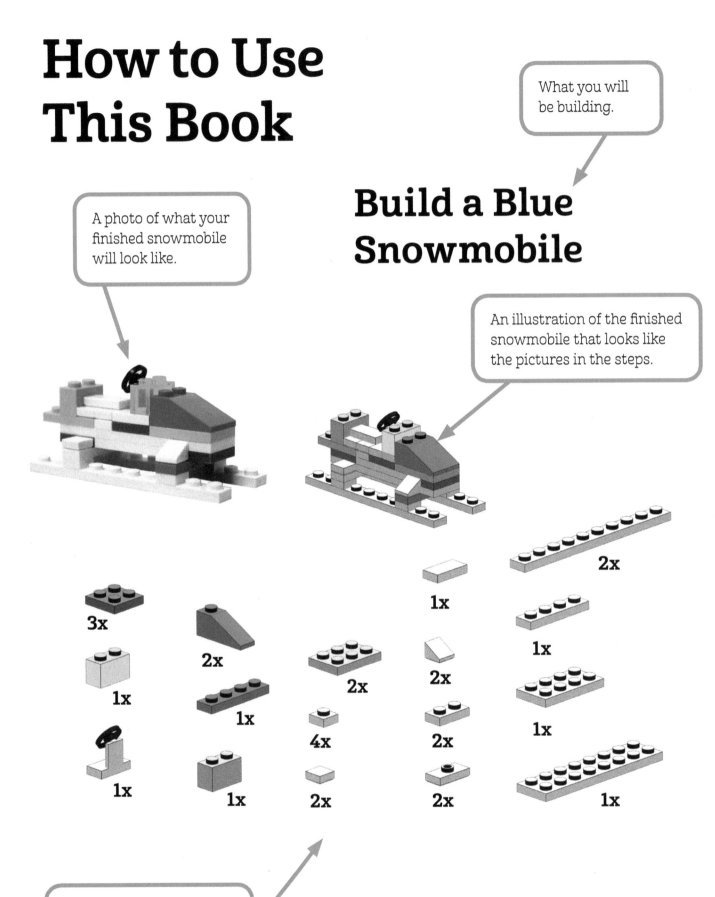

3x

2x

1x

1x

1x

2x

4x

2x

1x

2x

2x

2x

1x

1x

1x

1x

All the pieces you will need to build the snowmobile are listed at the beginning of each of the instructions.

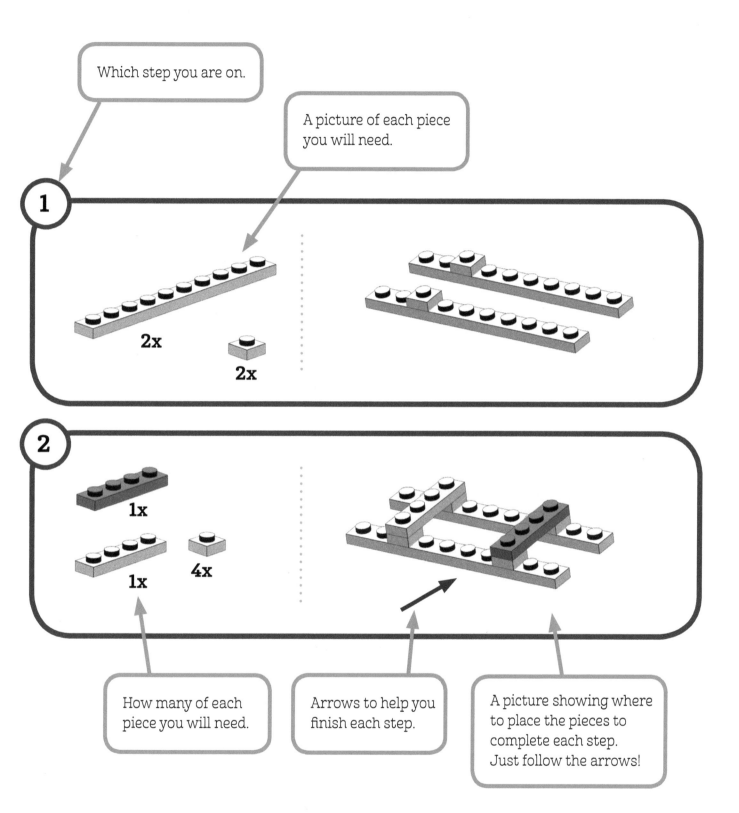

Which step you are on.

A picture of each piece you will need.

1

2x

2x

2

1x

1x

4x

How many of each piece you will need.

Arrows to help you finish each step.

A picture showing where to place the pieces to complete each step. Just follow the arrows!

Railway Adventure: Steam Locomotive

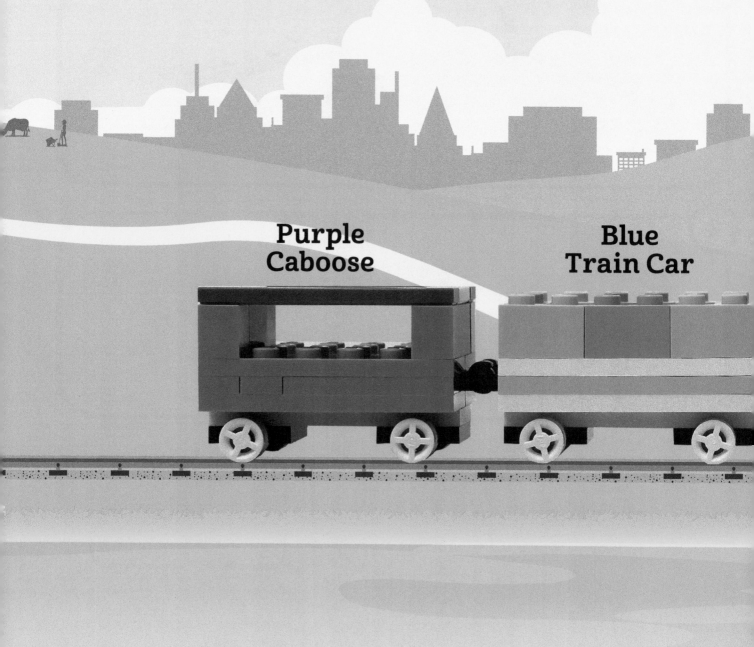

Purple Caboose

Blue Train Car

Orange Train Car

Engine

Build the Purple Caboose

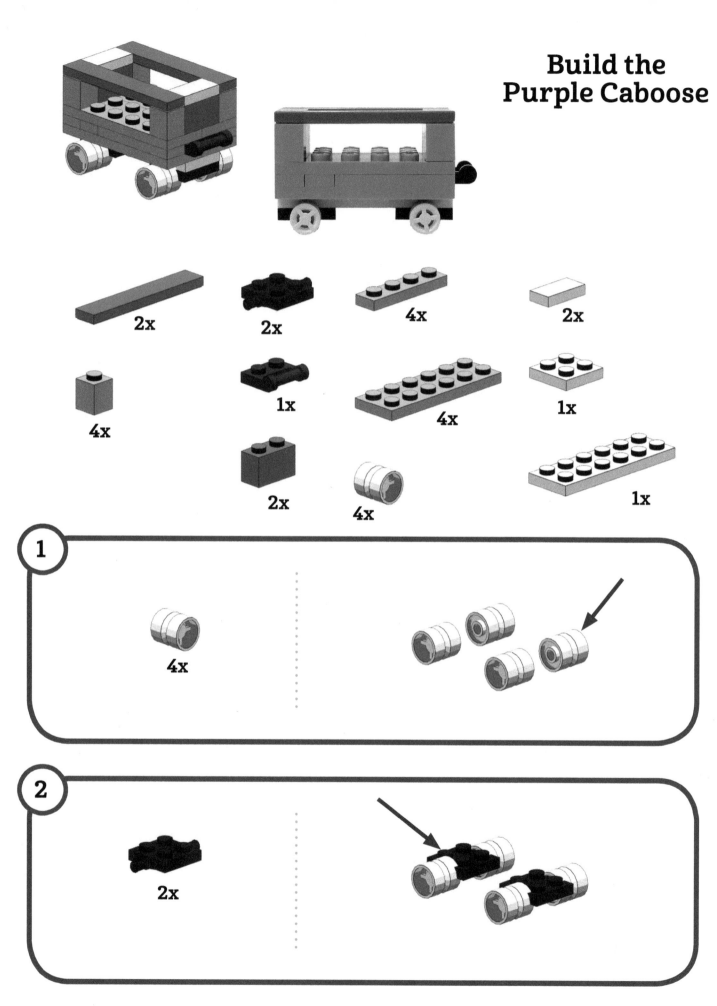

2x

2x

4x

2x

4x

1x

4x

1x

2x

4x

1x

1

4x

2

2x

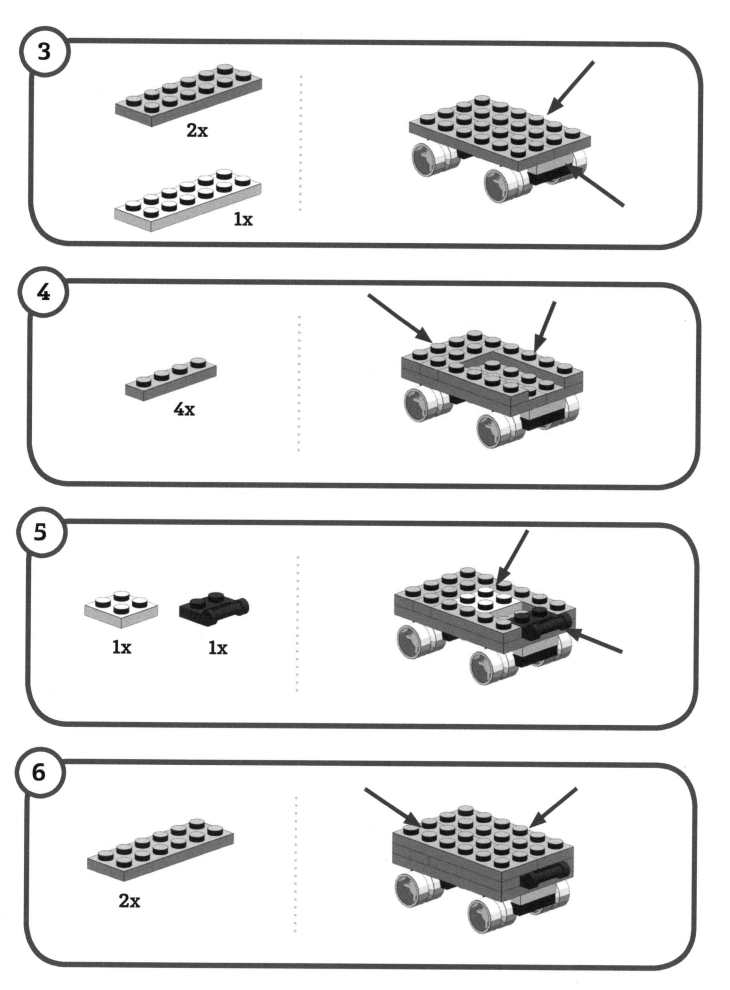

7

4x

8

2x

9

2x 2x

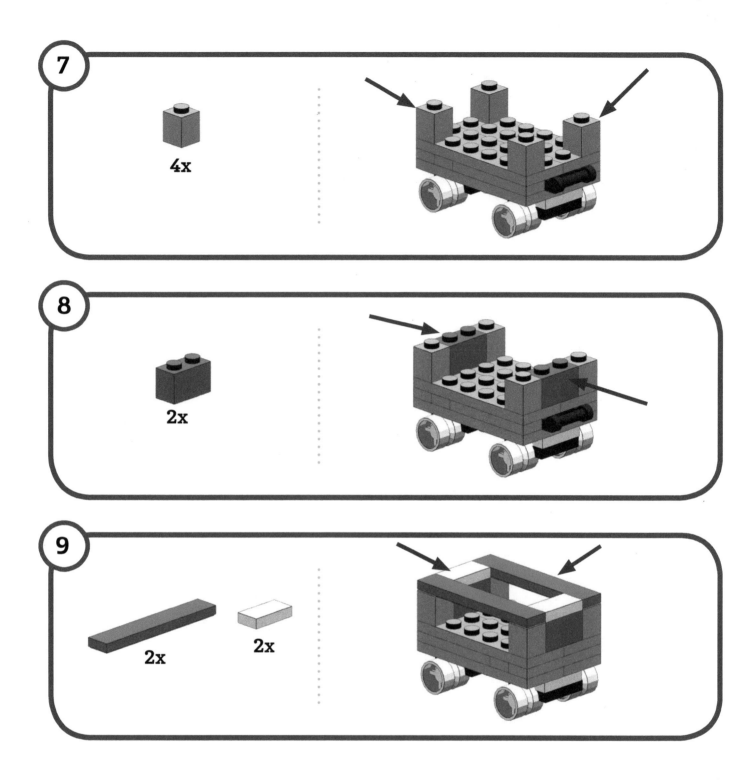

Build the Blue Train Car

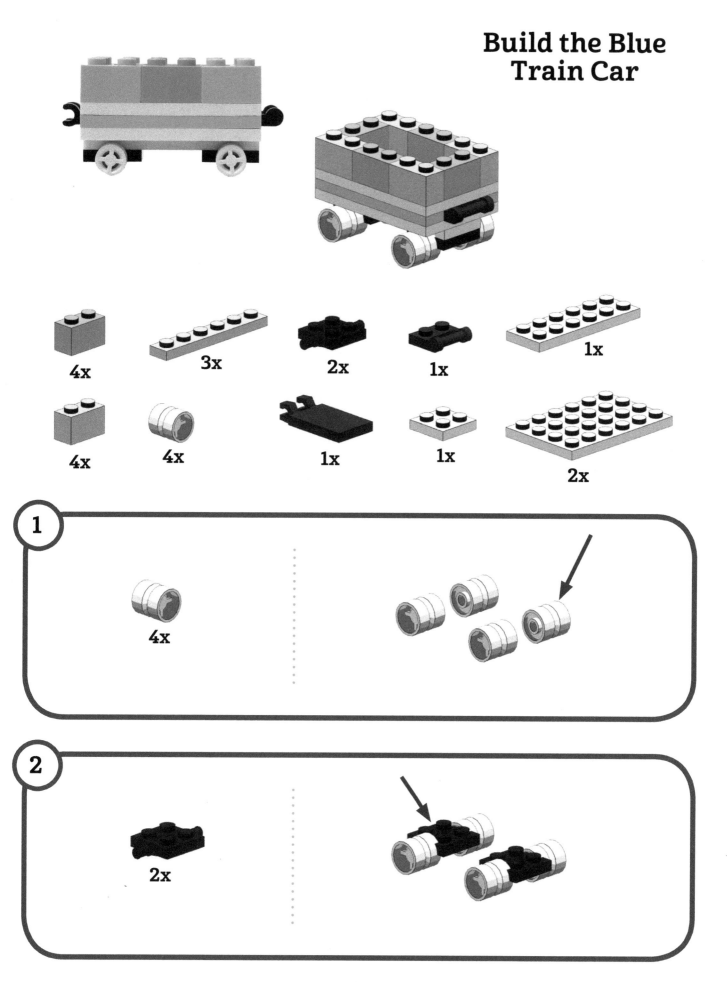

4x

3x

2x

1x

1x

4x

4x

1x

1x

2x

1

4x

2

2x

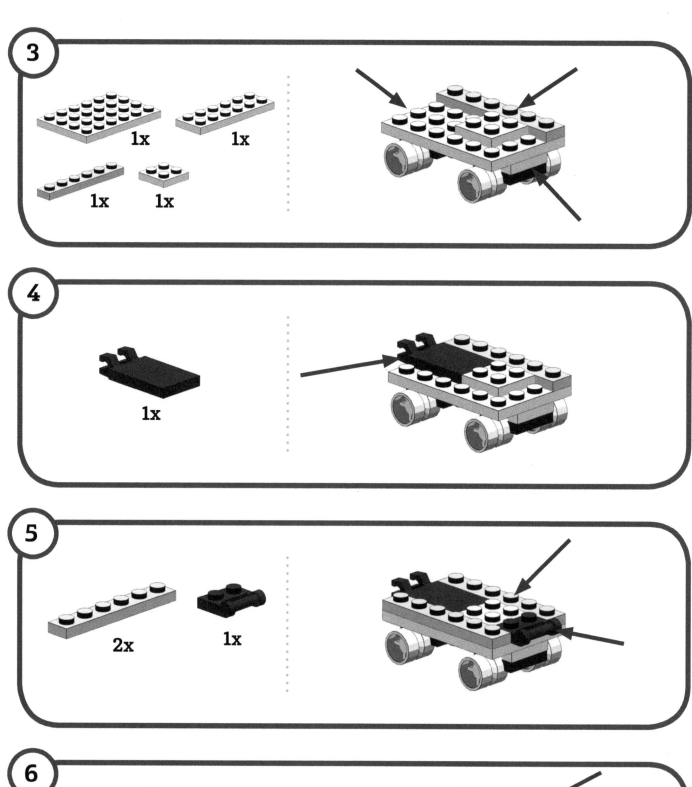

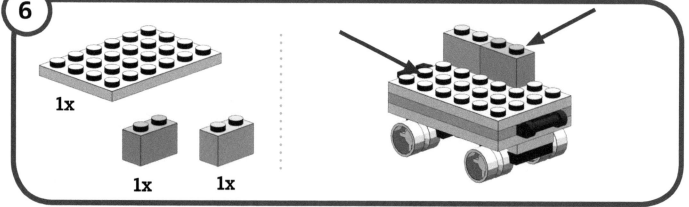

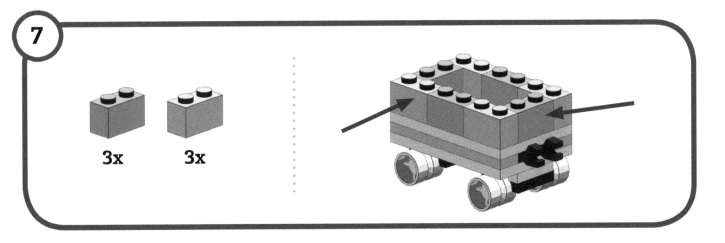

7

3x   3x

Build the Orange Train Car

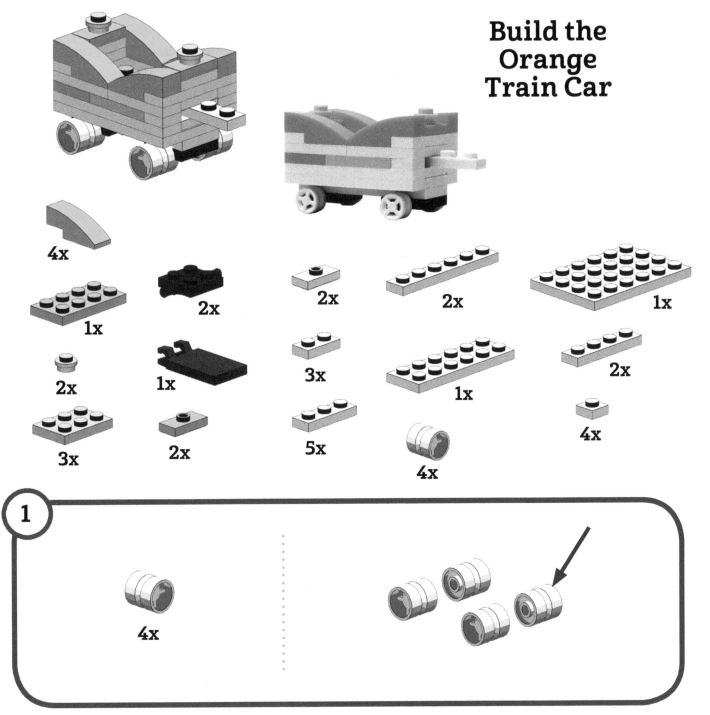

4x

1x

2x

2x

2x

1x

2x

1x

2x

3x

1x

5x

2x

3x

2x

4x

4x

1

4x

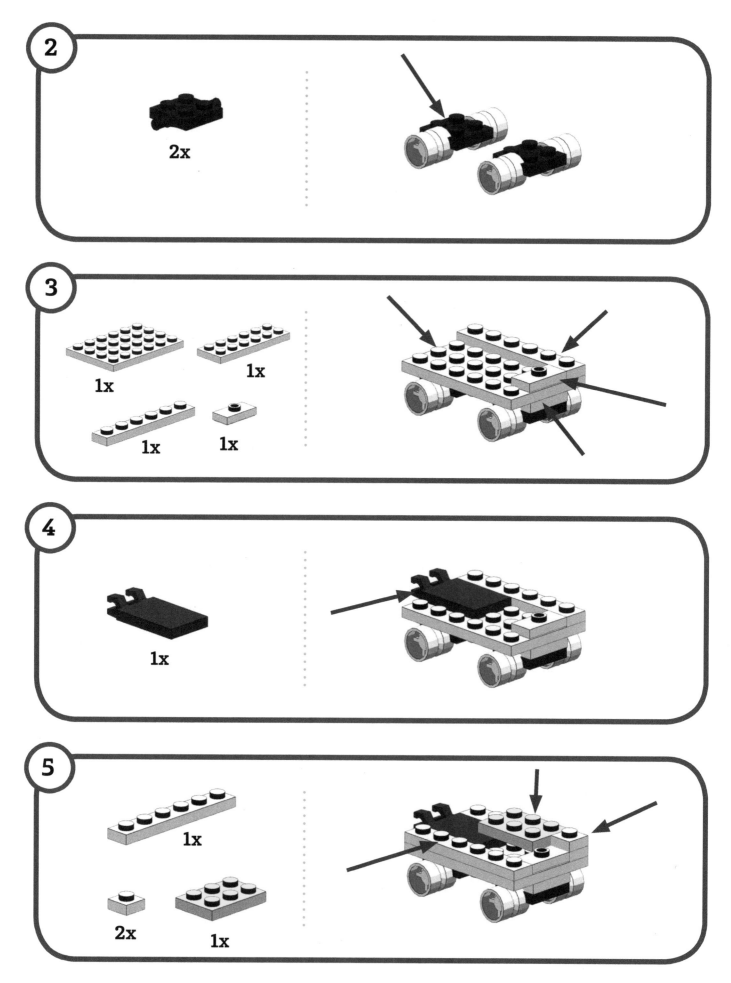

6

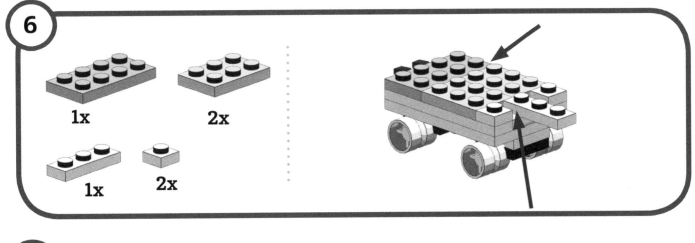

1x
2x
1x
2x

7

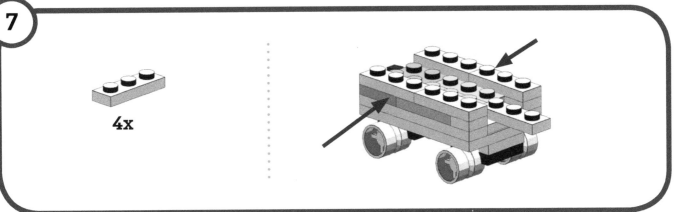

4x

8

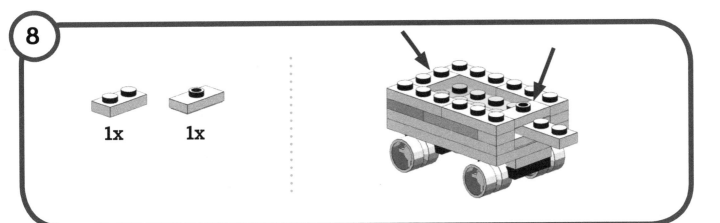

1x
1x

9

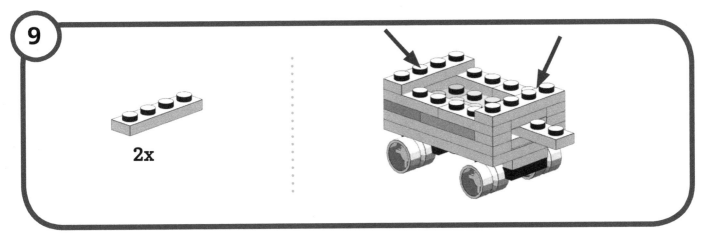

2x

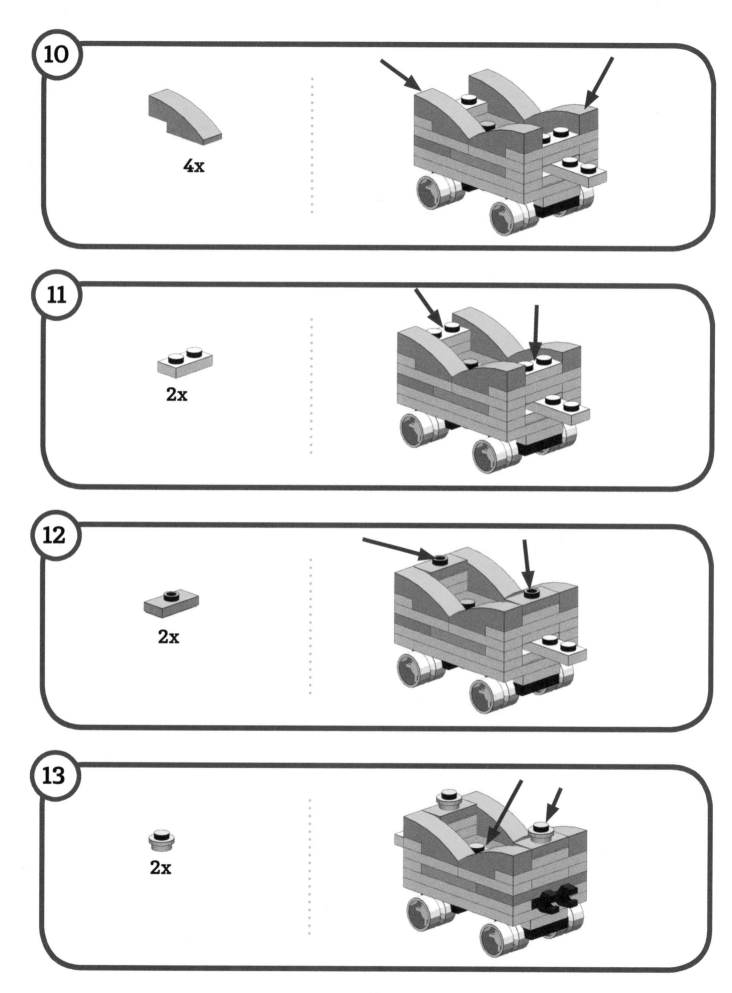

10 4x

11 2x

12 2x

13 2x

Build the Engine

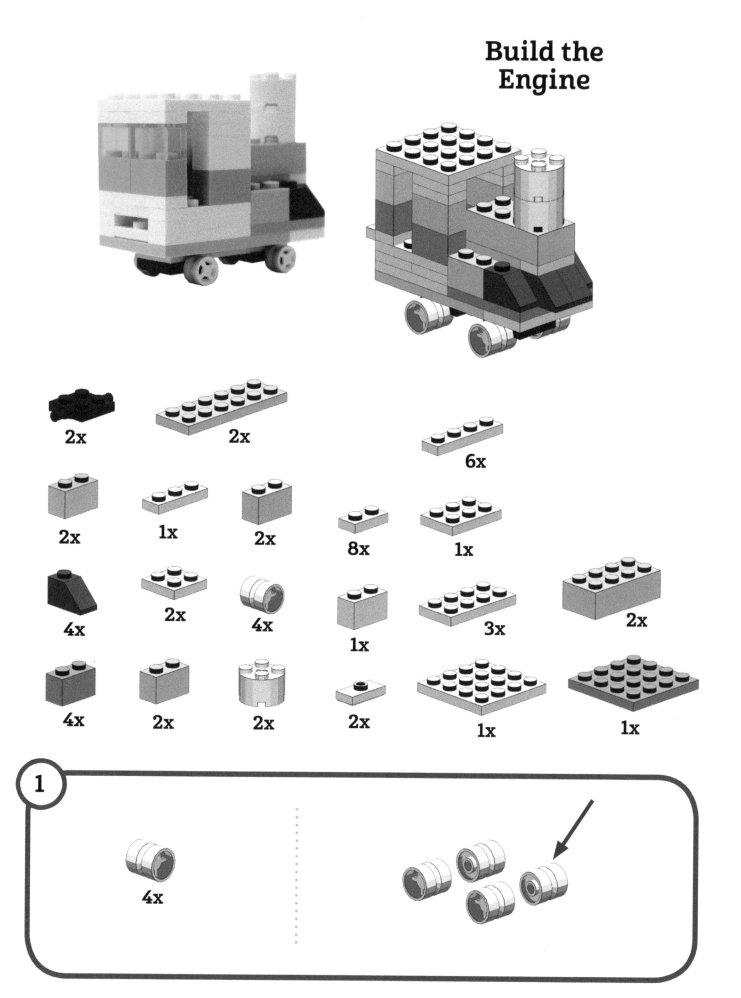

2x

2x

6x

2x

1x

2x

8x

1x

4x

2x

4x

1x

3x

2x

4x

2x

2x

2x

1x

1x

1

4x

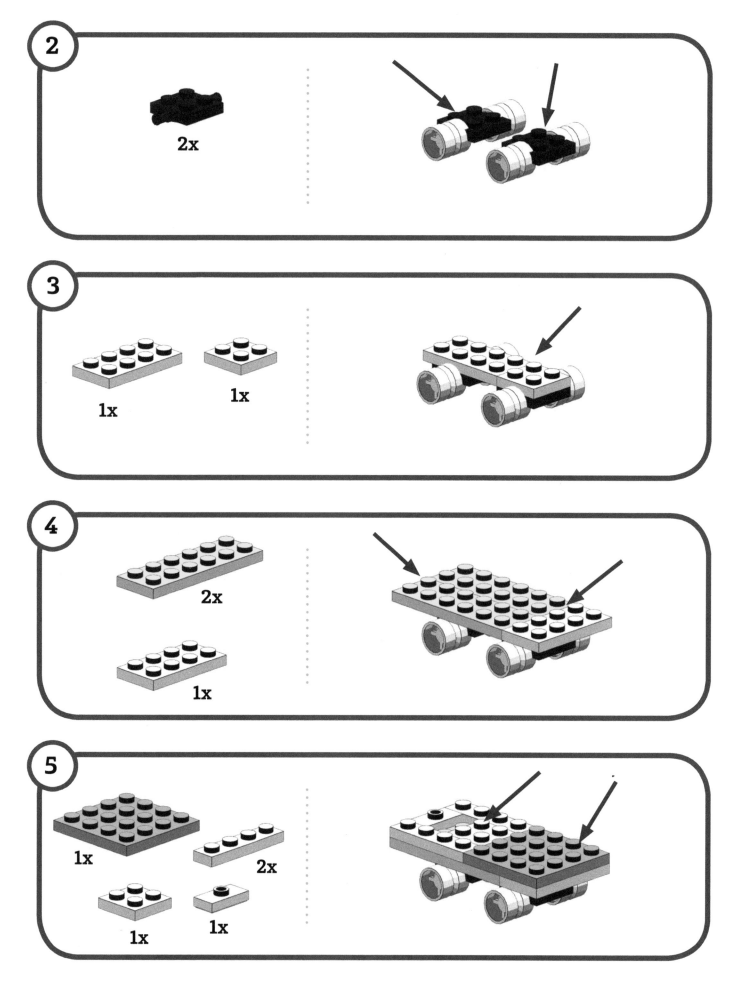

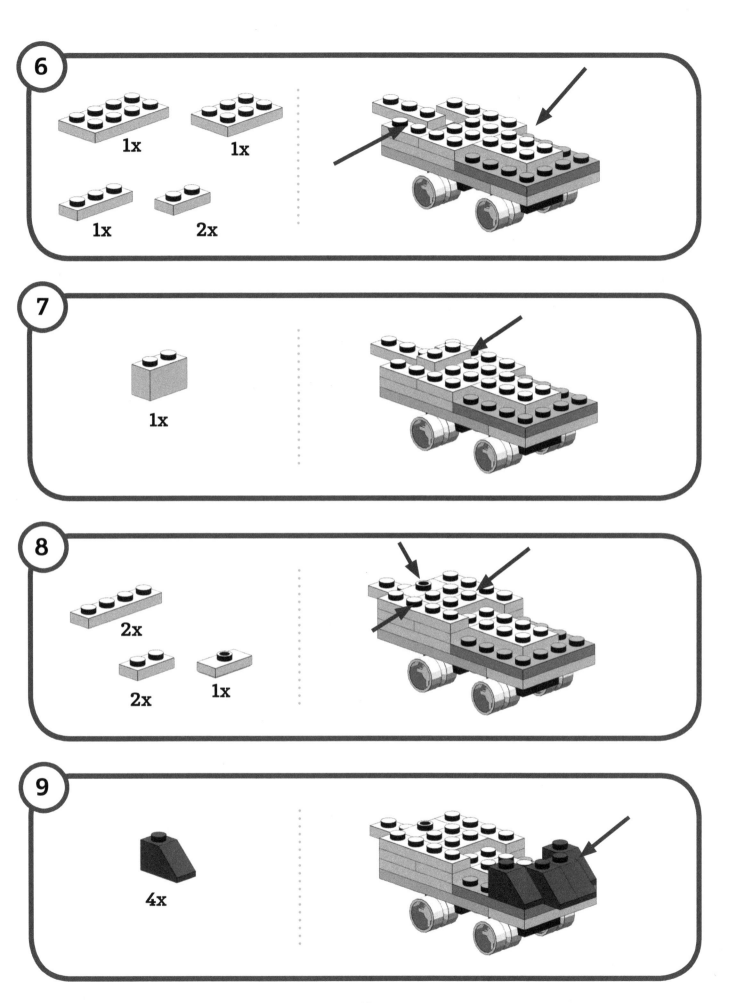

6

1x 1x

1x 2x

7

1x

8

2x

2x 1x

9

4x

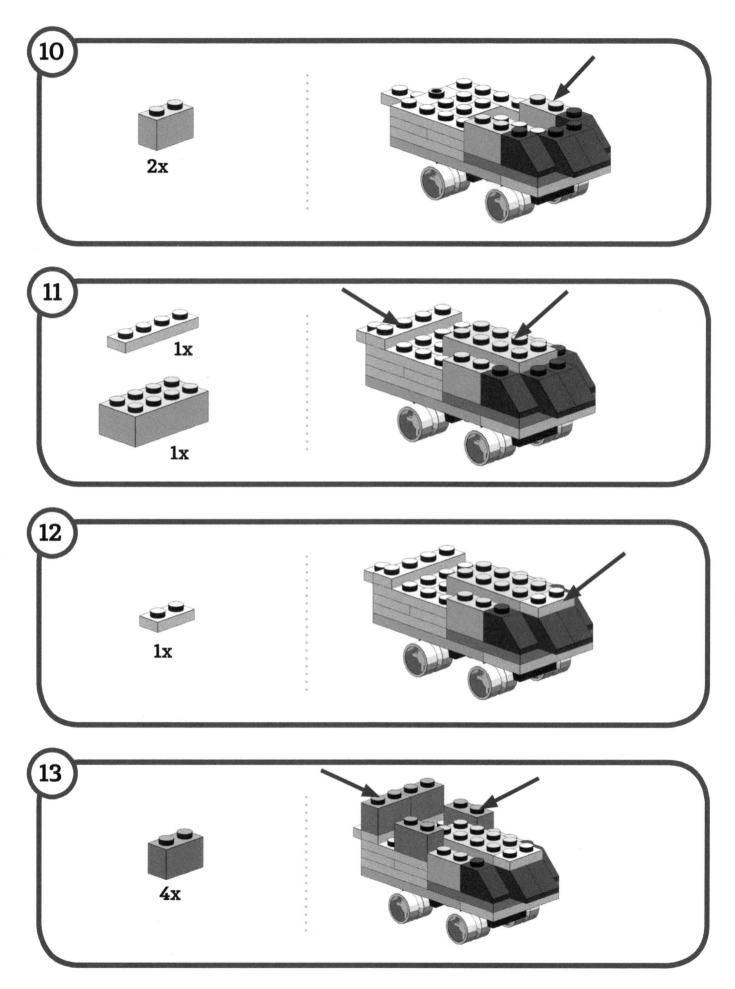

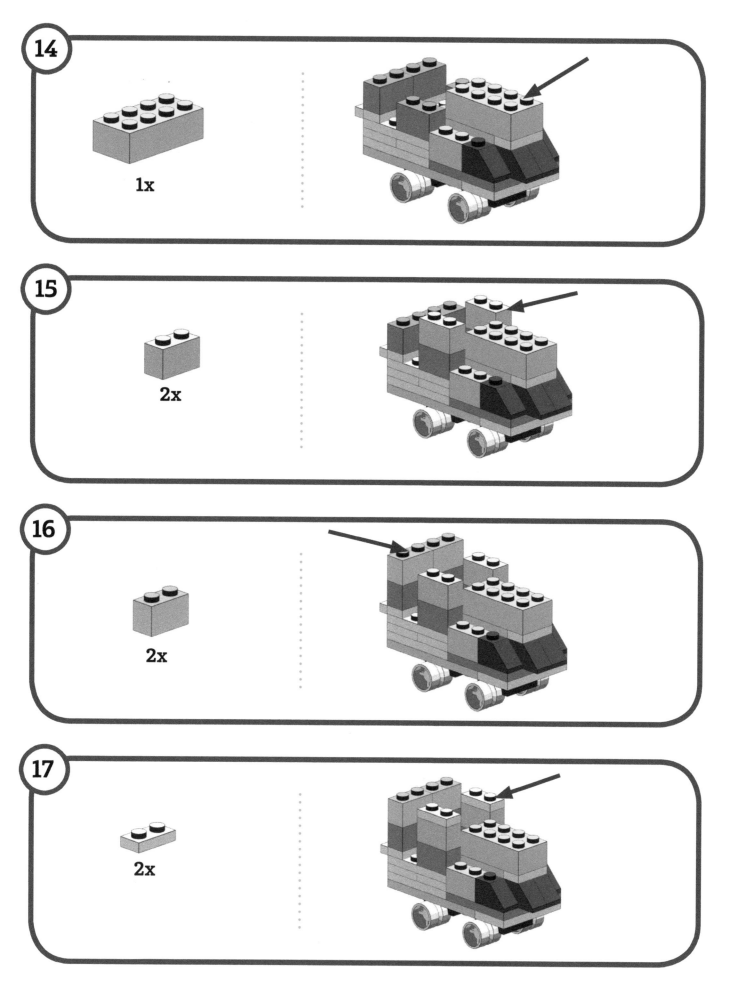

14

1x

15

2x

16

2x

17

2x

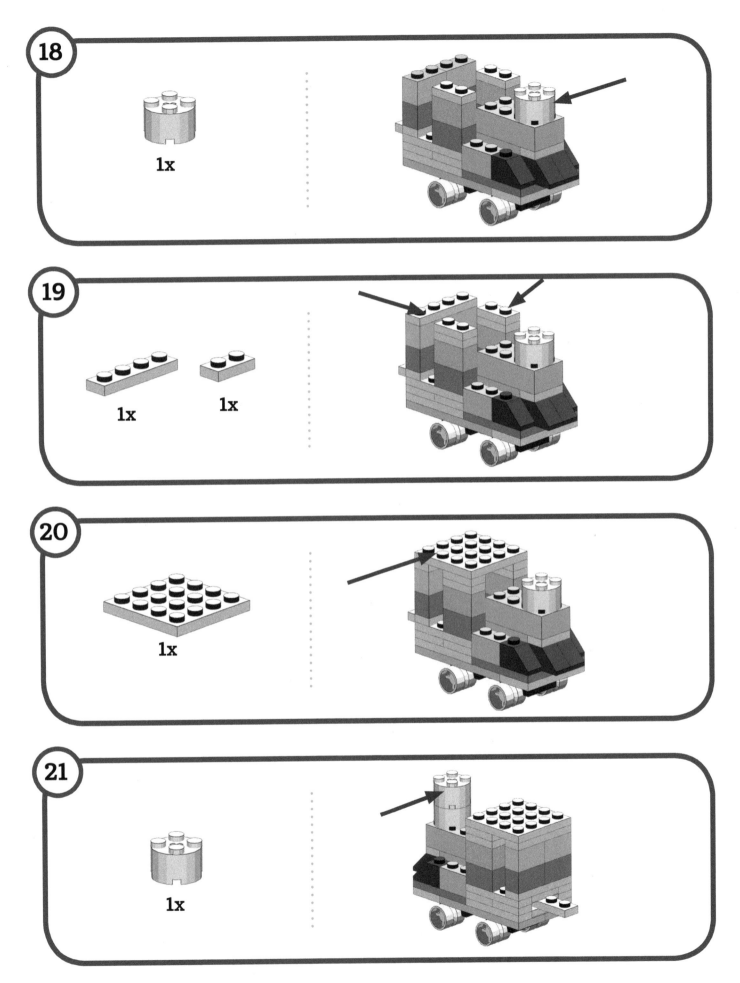

18 1x

19 1x 1x

20 1x

21 1x

22

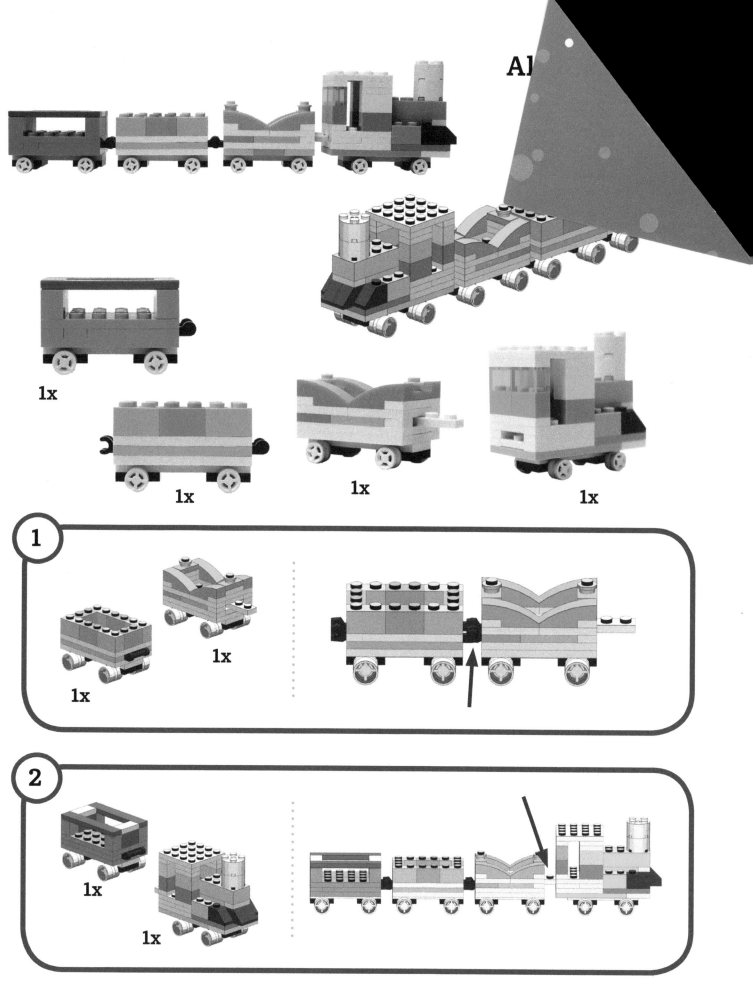

1x

1x

1x

1x

1

1x

1x

2

1x

1x

Winter Wonderland

**Orange
Snowmobile**

**Blue
Snowmobile**

SUV and Trailer

Build a Blue Snowmobile

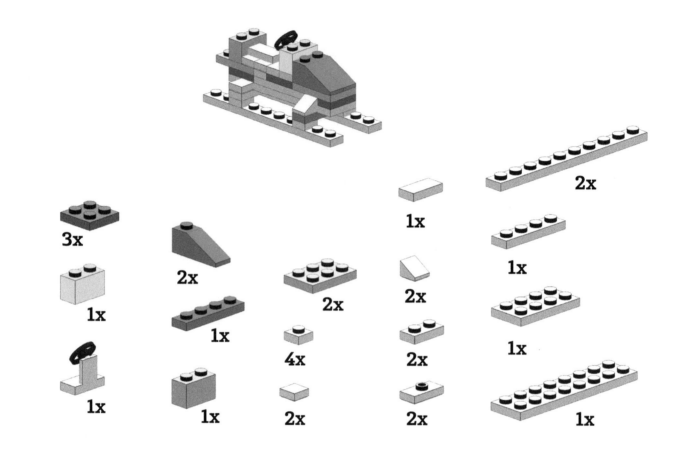

3x

2x

1x

1x

4x

1x

1x

2x

1x

2x

2x

2x

1x

2x

1x

1x

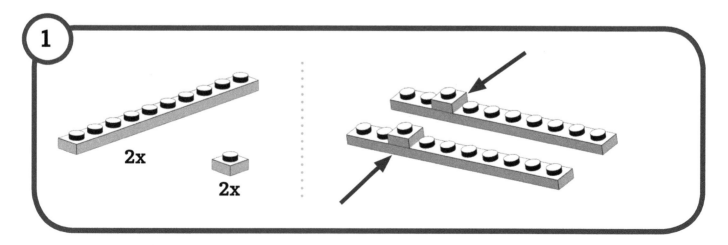

1

2x

2x

2

1x

1x 2x

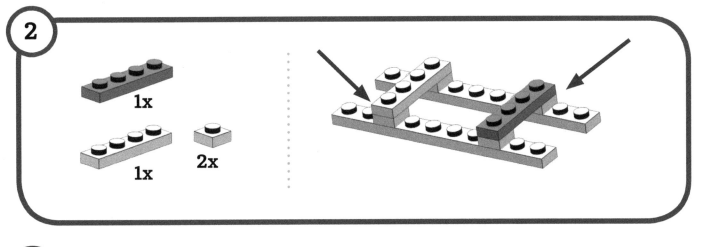

3

1x

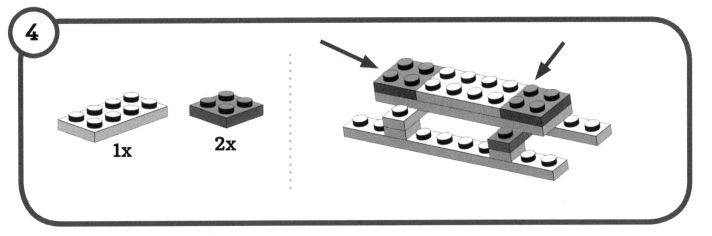

4

1x 2x

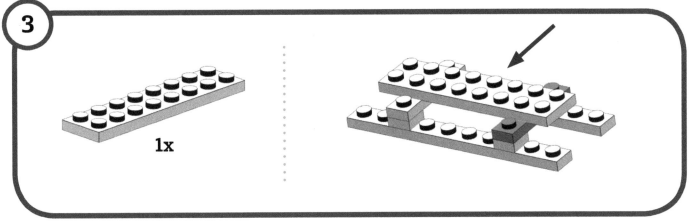

5

2x 1x

1x

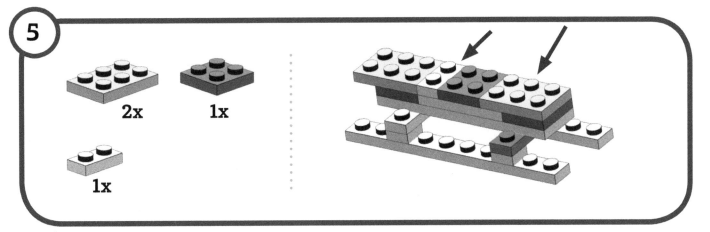

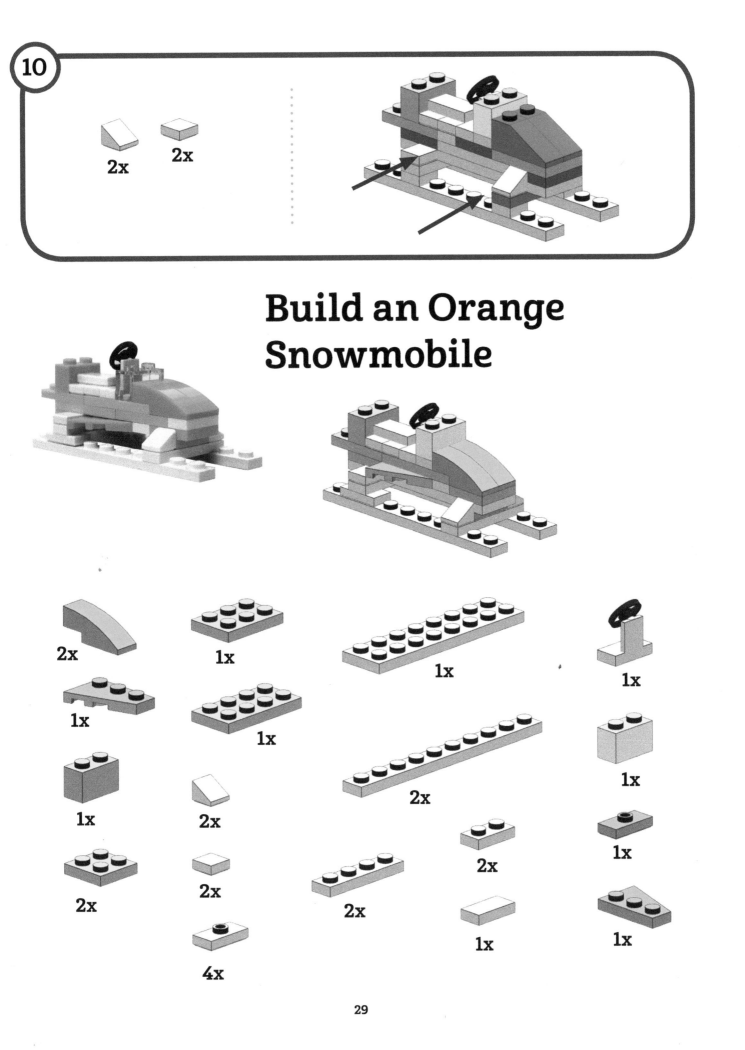

Build an Orange Snowmobile

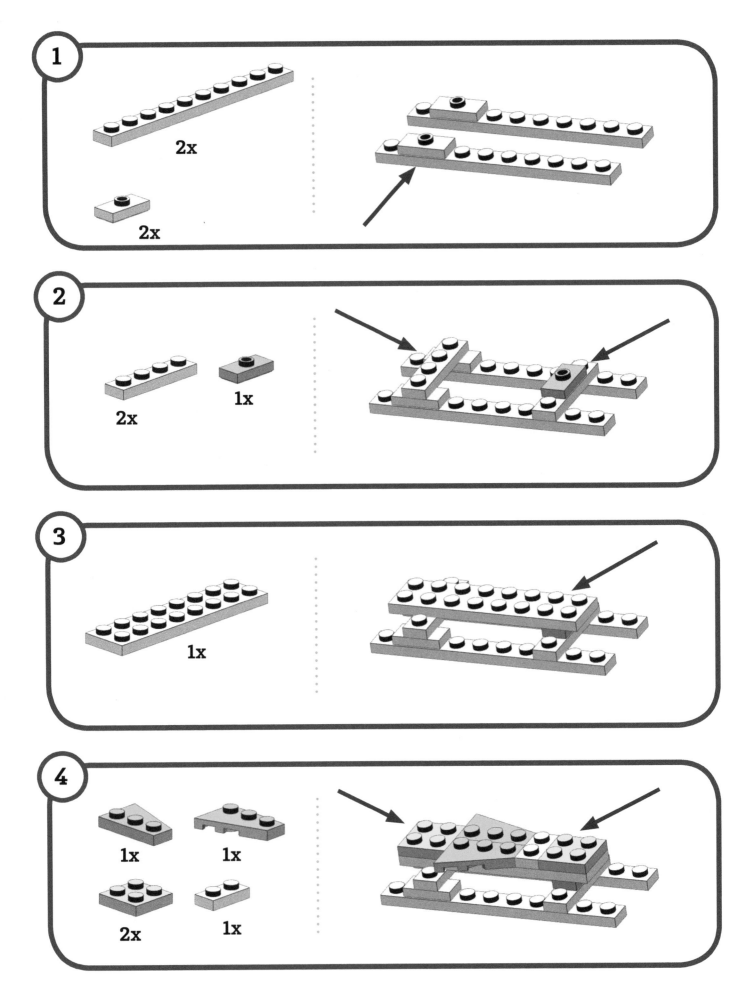

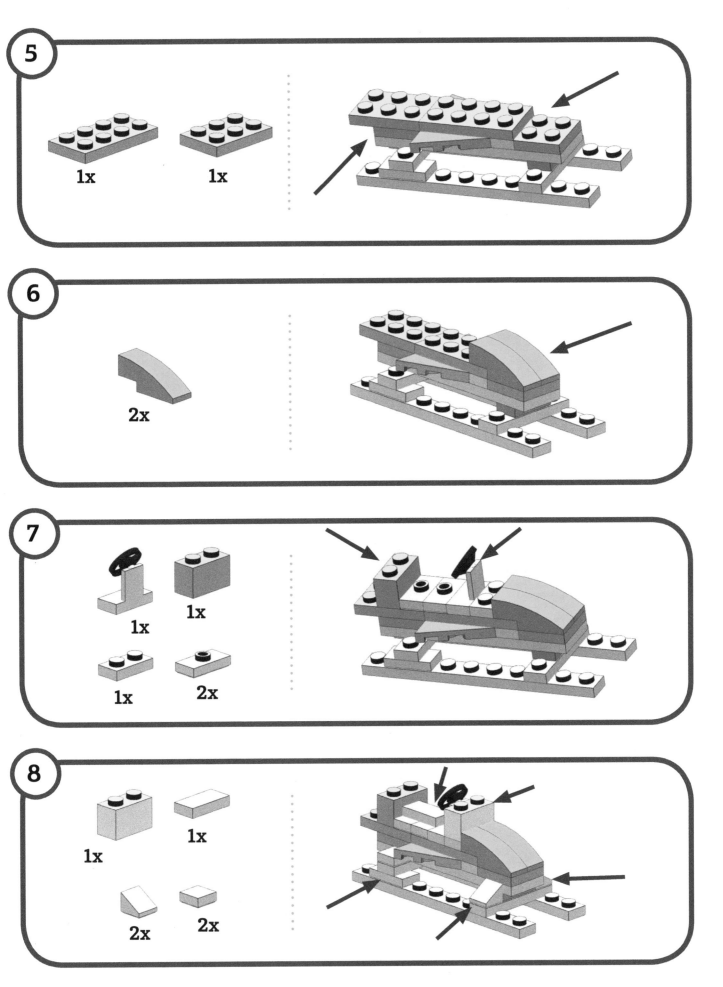

5

1x   1x

6

2x

7

1x   1x
1x   2x

8

1x   1x
2x   2x

Build an SUV
and Trailer

Build
the SUV

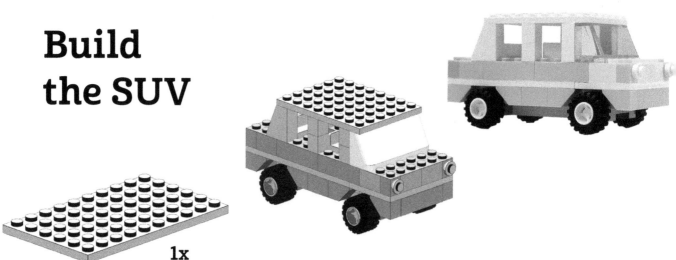

1x

1x

1x

2x

4x

1x

4x

4x

4x

4x

1x

2x

1x

1x

6x

2x

6x

2x

8x

2x

2x

1x

3x

1x

2x

1x

2x

1x

1

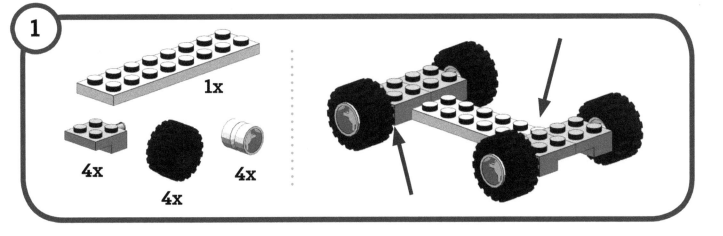

1x

4x   4x   4x

2

1x

3

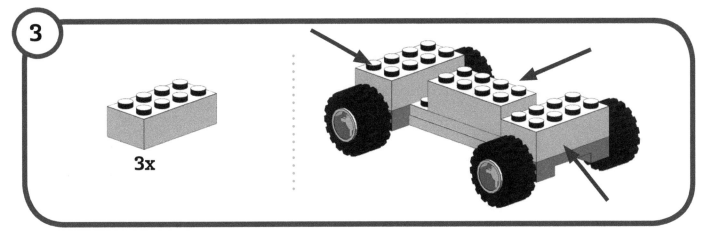

3x

4

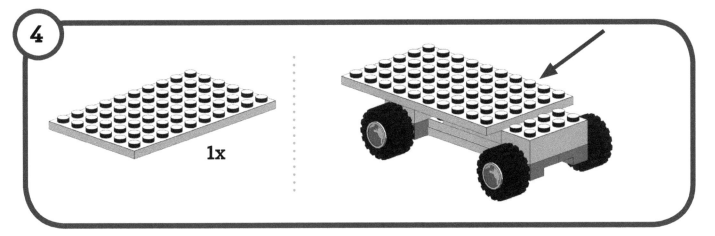

1x

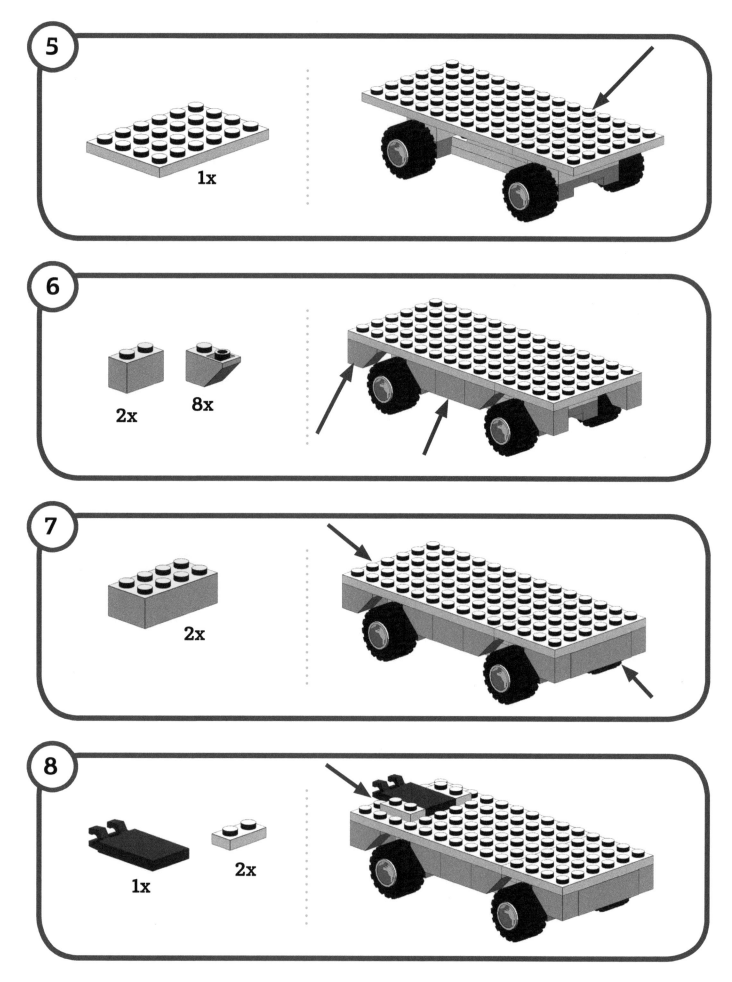

5

1x

6

2x   8x

7

2x

8

1x   2x

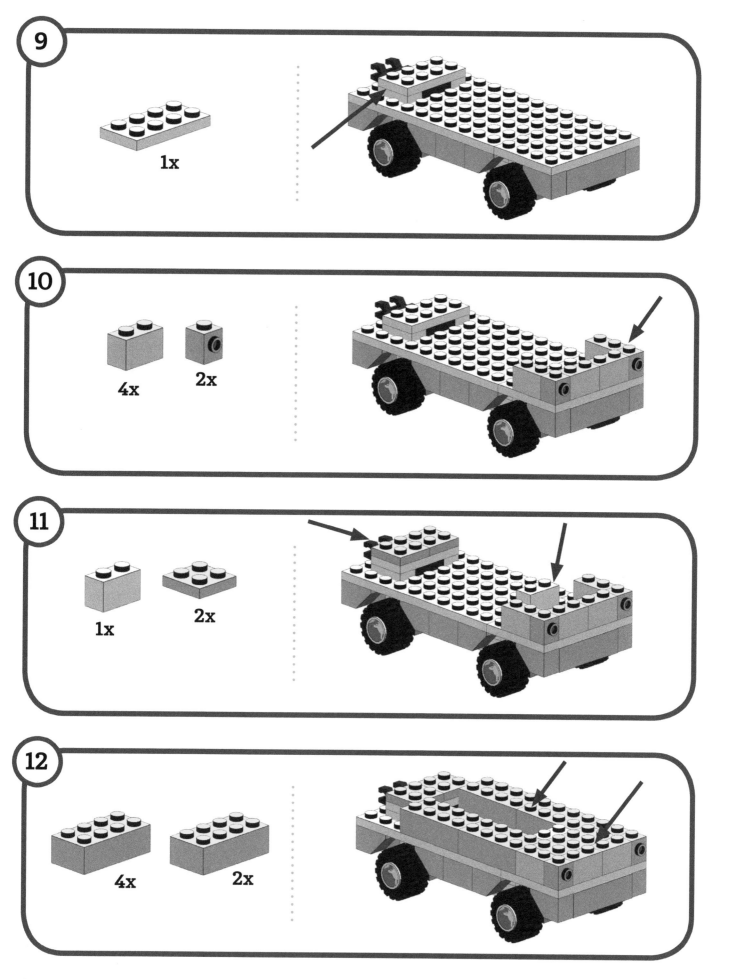

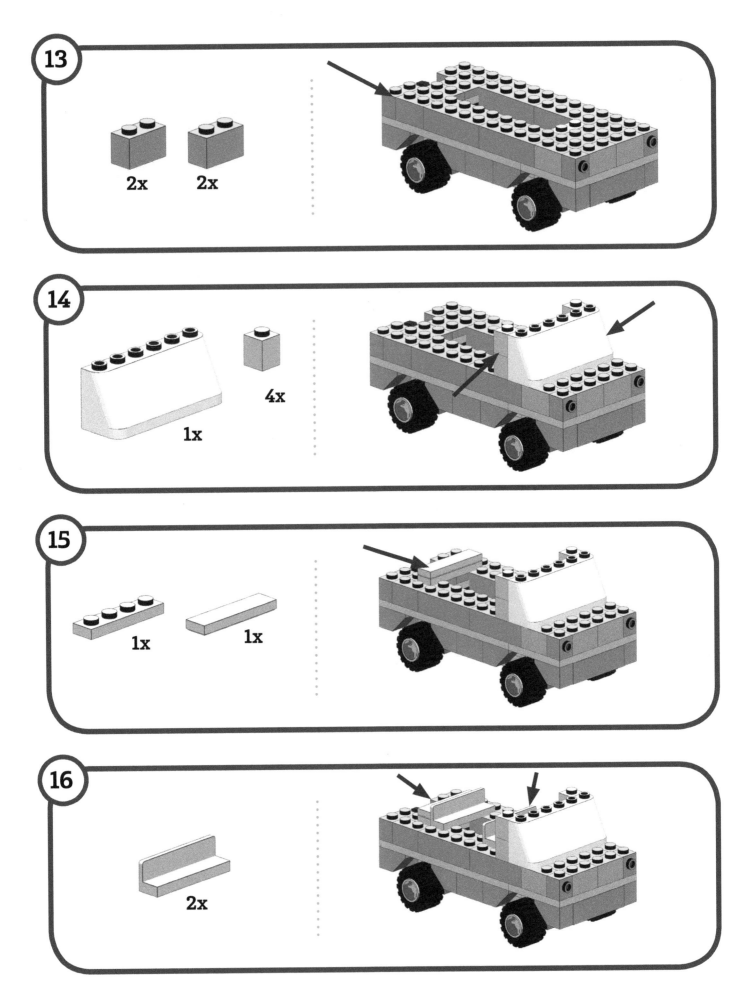

17

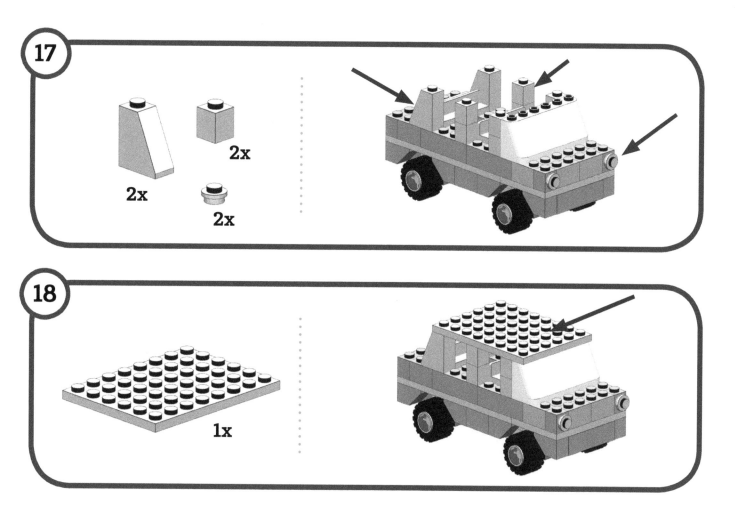

2x

2x

2x

18

1x

Build the Trailer

2x

1x

1x

2x

2x

2x

6x

2x

2x

2x

2x

4x

2x

1x

1x

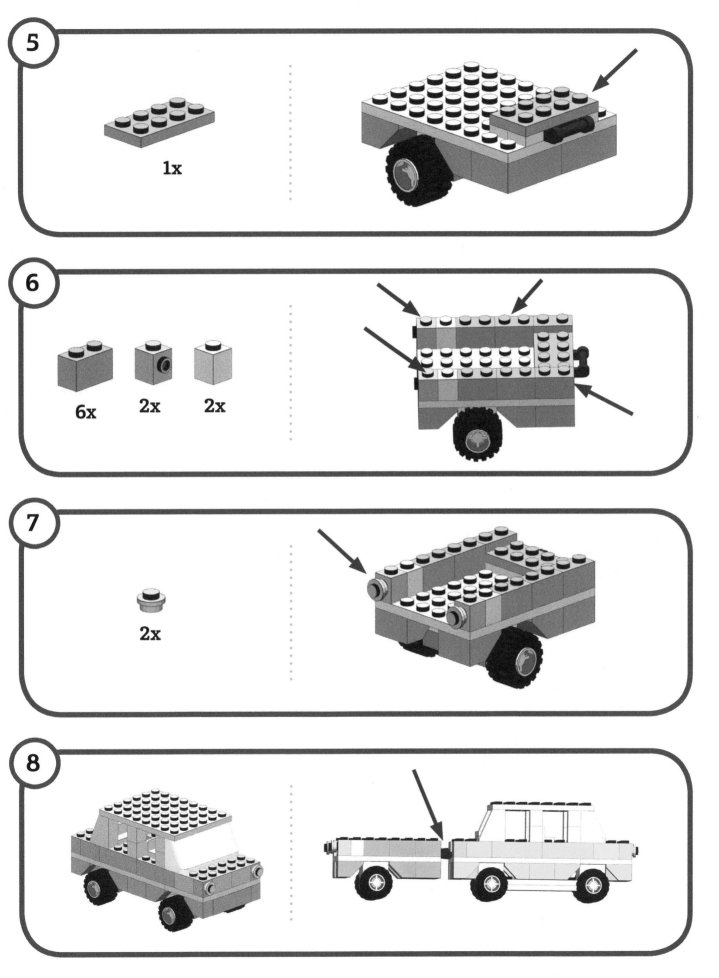

5 1x

6 6x 2x 2x

7 2x

8

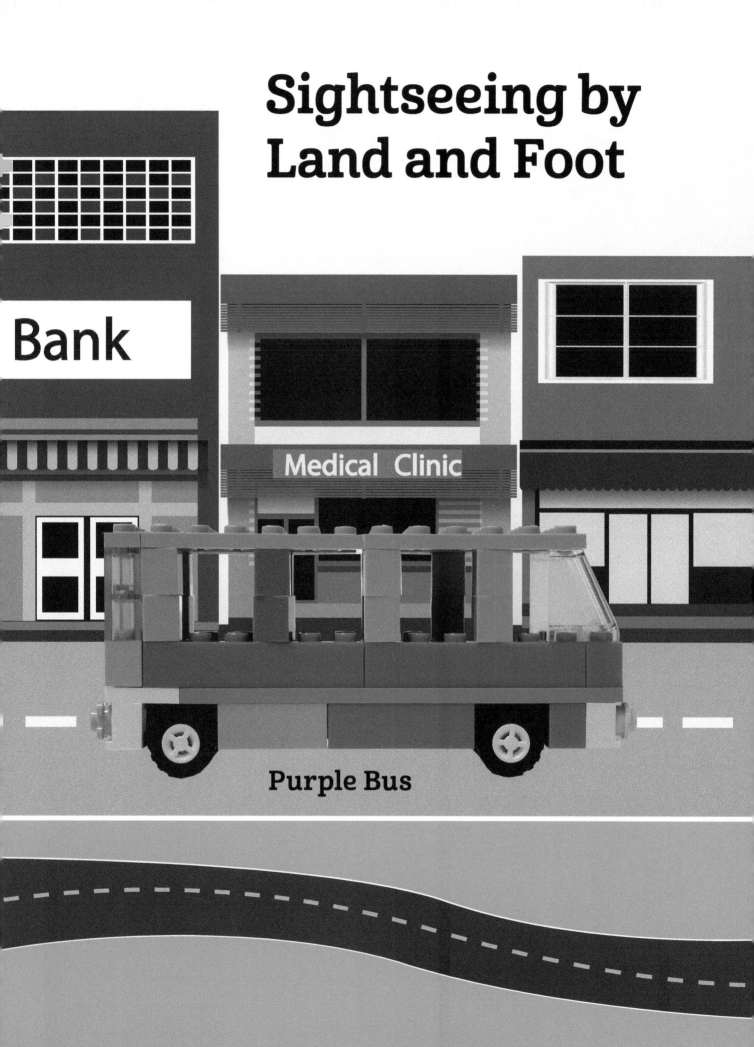

Sightseeing by Land and Foot

Bank

Medical Clinic

Purple Bus

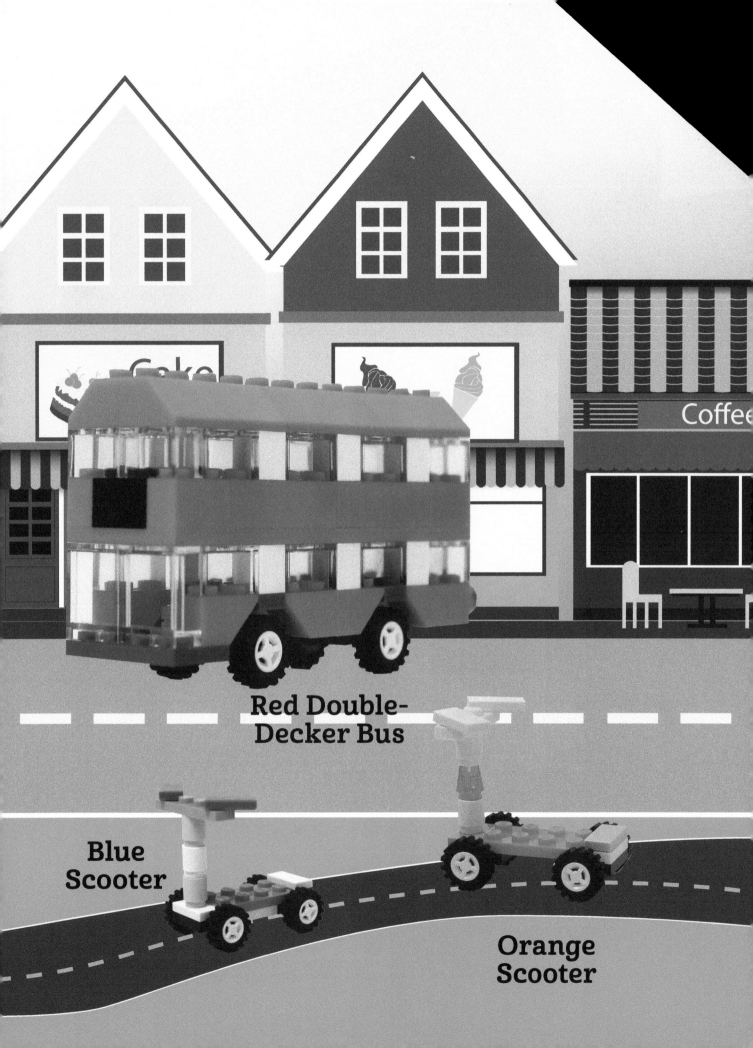

Red Double-Decker Bus

Blue Scooter

Orange Scooter

Build a Red Double-Decker Bus

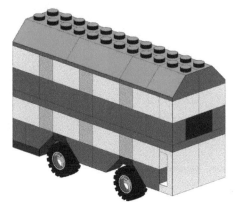

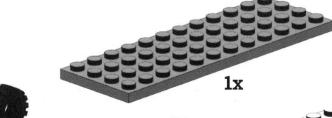

1x

4x

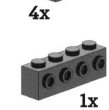

2x

20x

4x

2x

1x

2x

4x

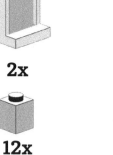

2x

3x

2x

2x

4x

4x

2x

1x

12x

8x

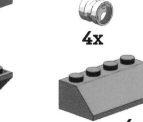

4x

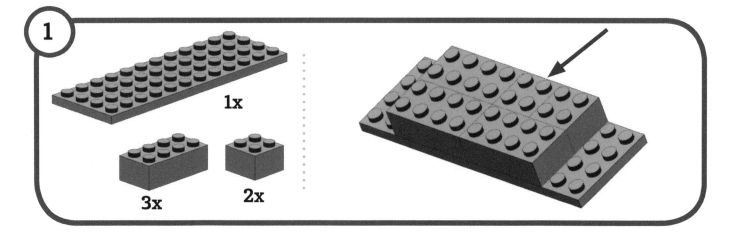

1

1x

3x

2x

42

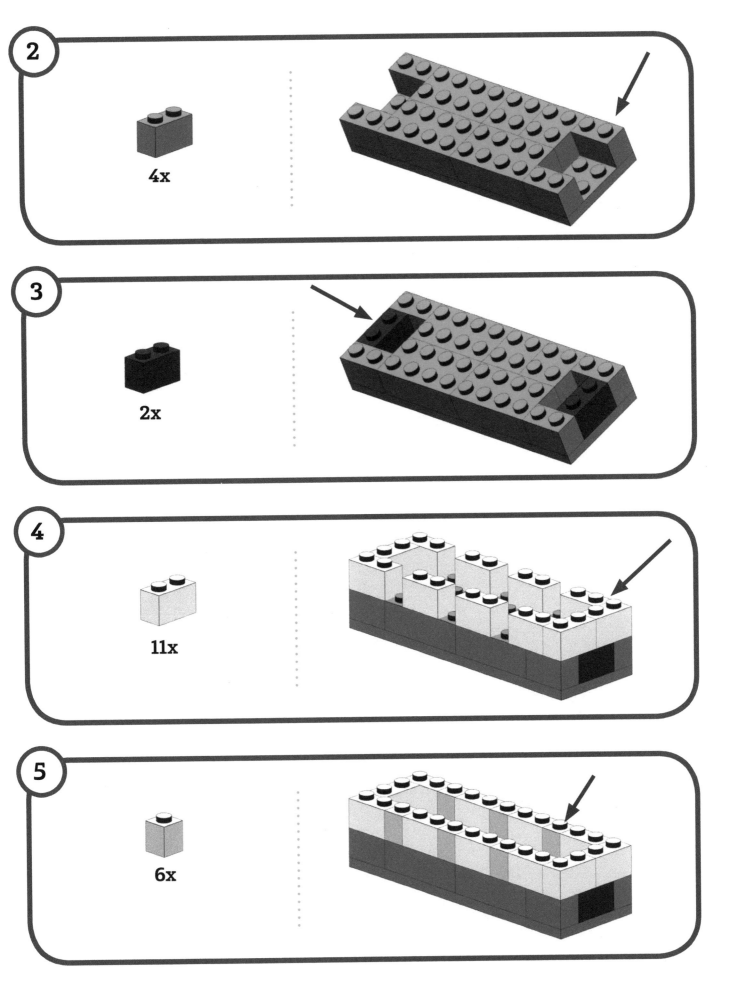

2 4x

3 2x

4 11x

5 6x

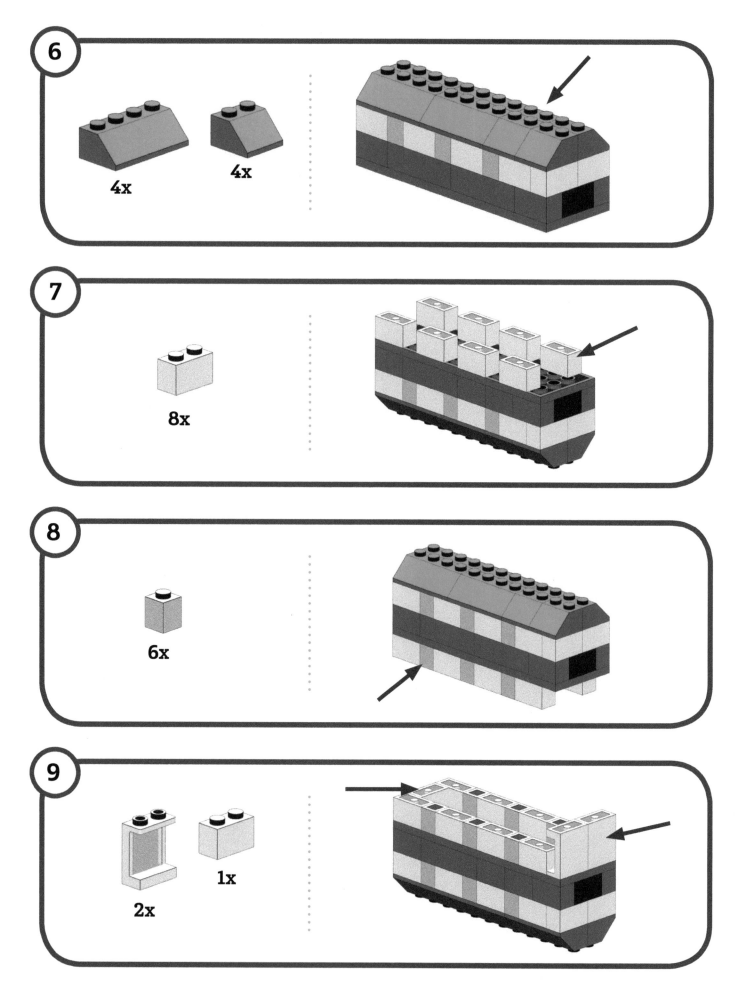

6 4x 4x

7 8x

8 6x

9 2x 1x

44

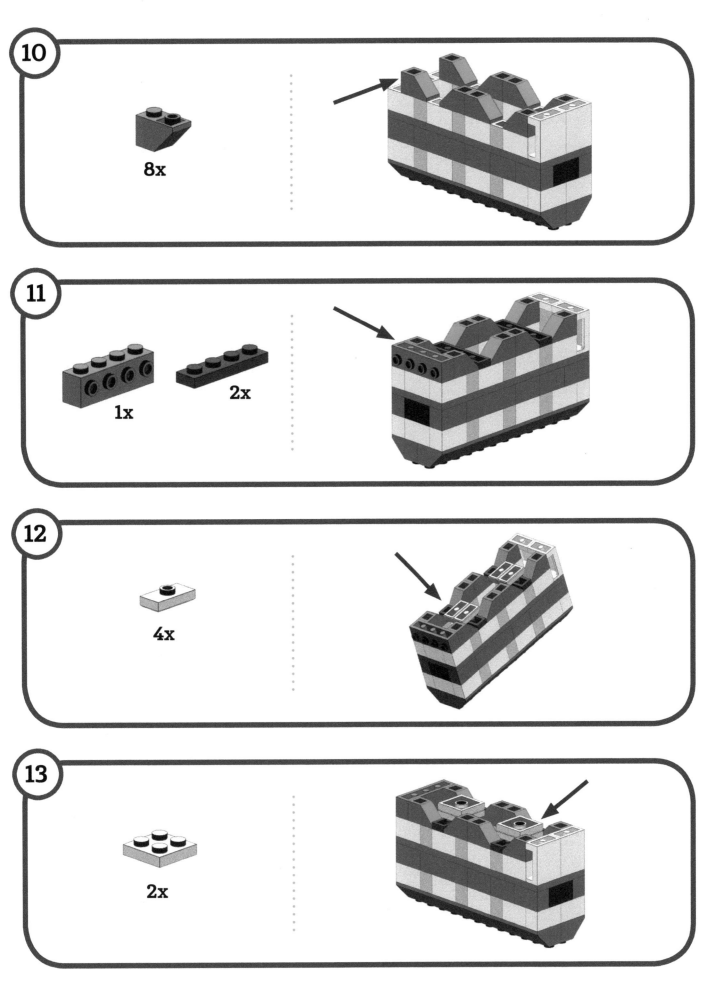

10 8x

11 1x 2x

12 4x

13 2x

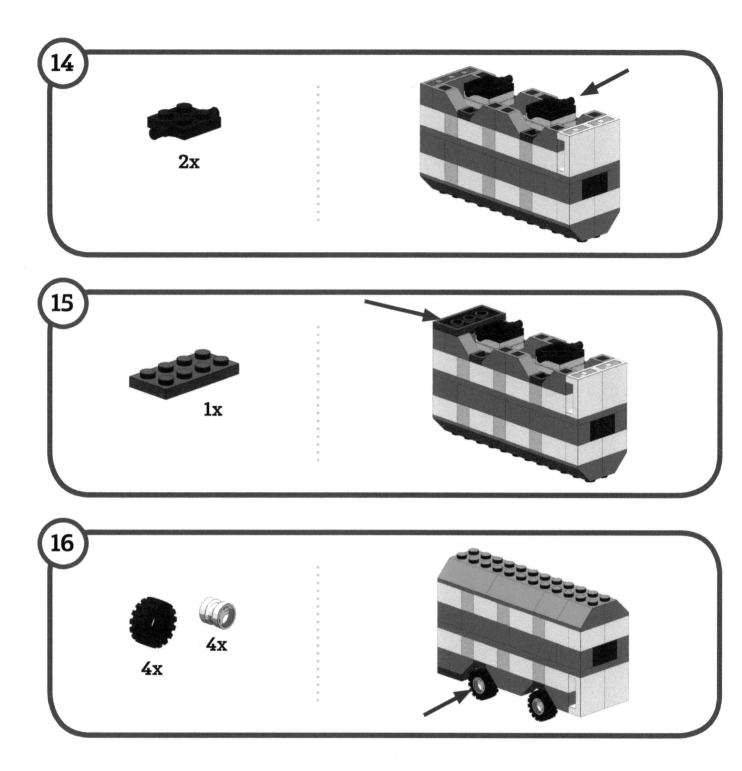

14 2x

15 1x

16 4x 4x

Build a
Purple Bus

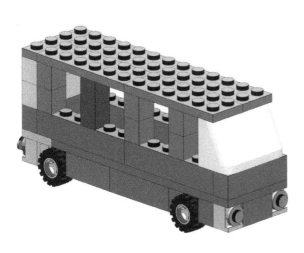

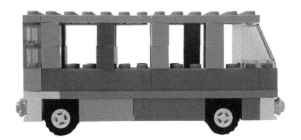

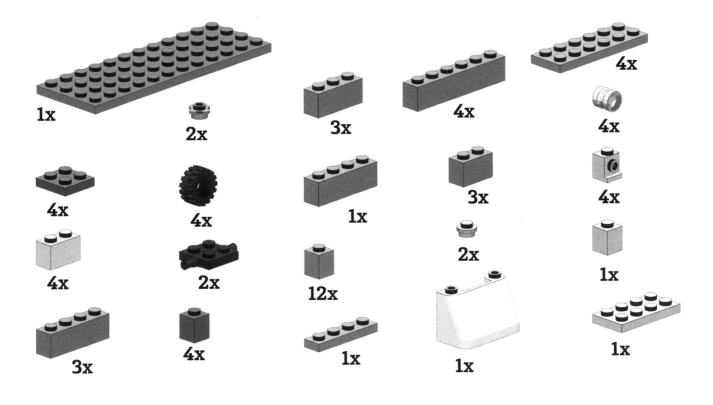

1x

2x

3x

4x

4x

4x

4x

4x

2x

3x

4x

1x

12x

2x

1x

3x

4x

1x

1x

1x

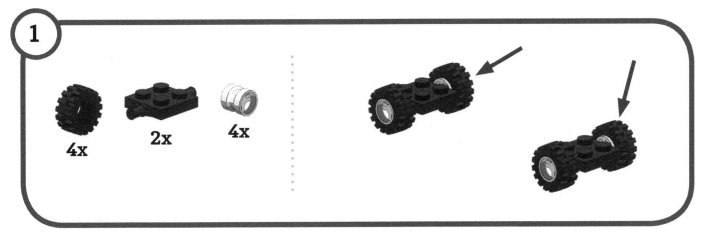

1

4x

2x

4x

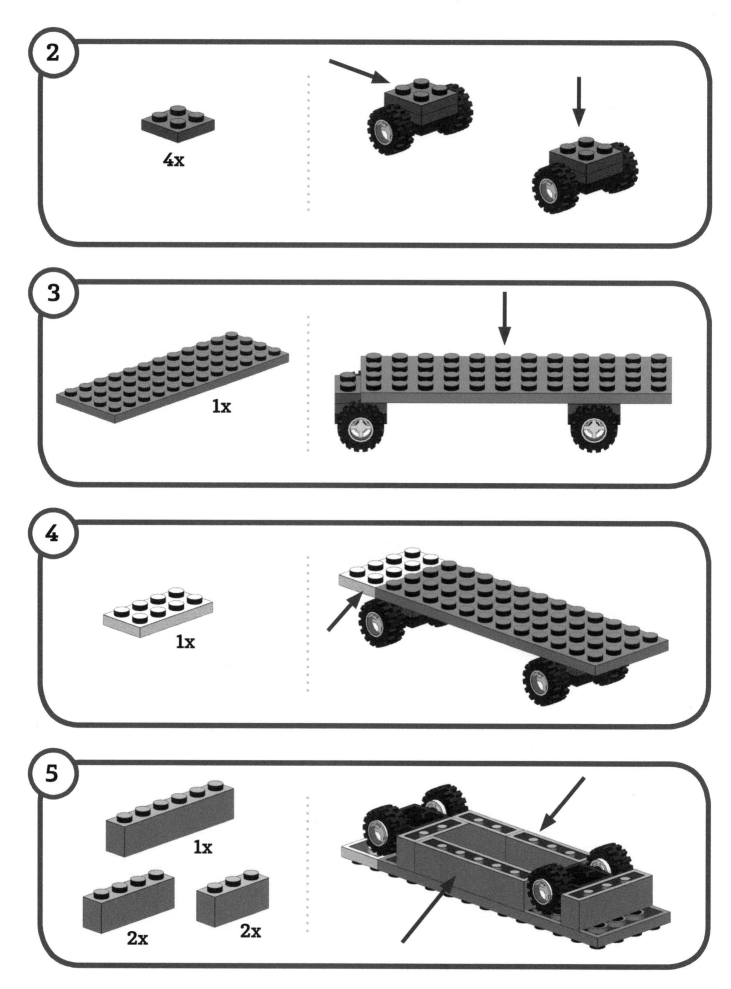

2

4x

3

1x

4

1x

5

1x

2x

2x

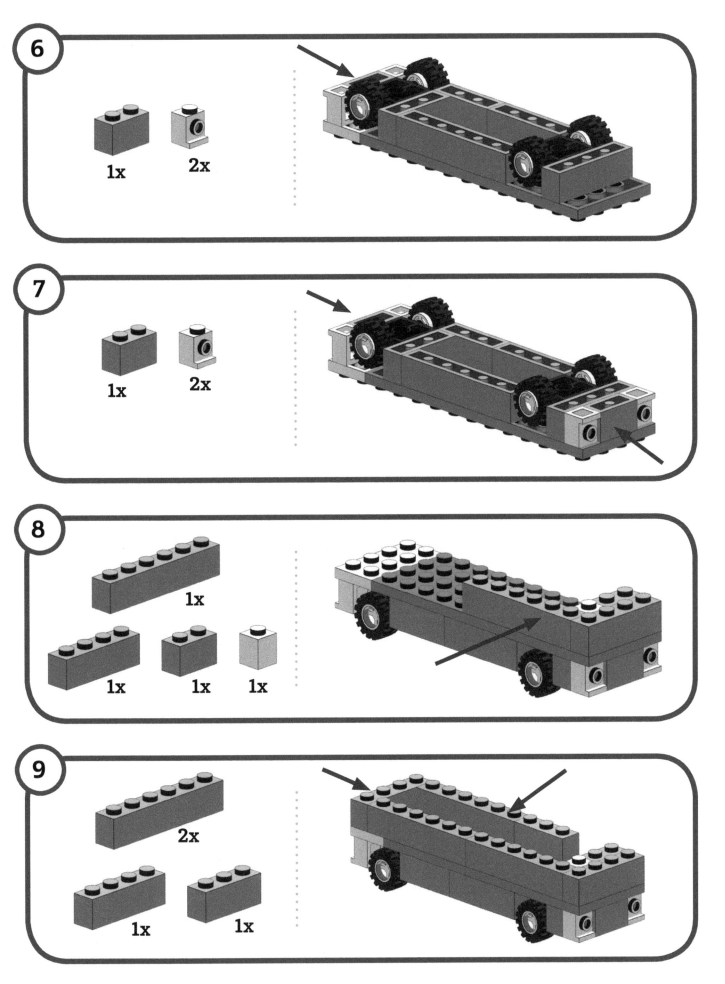

6

1x   2x

7

1x   2x

8

1x

1x   1x   1x

9

2x

1x   1x

49

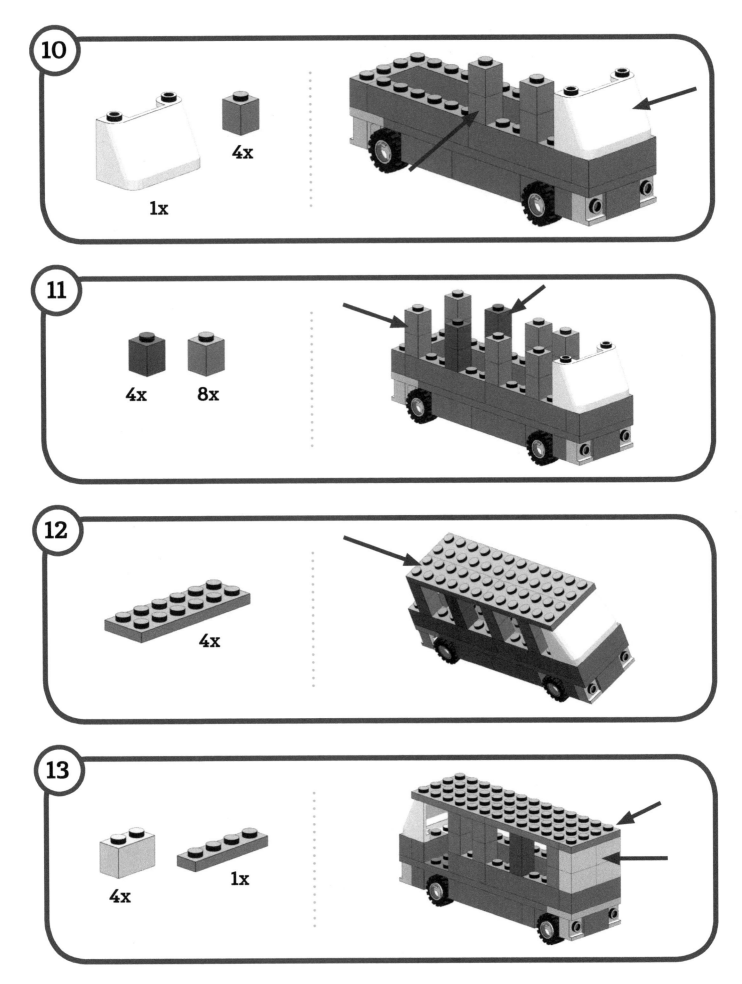

14

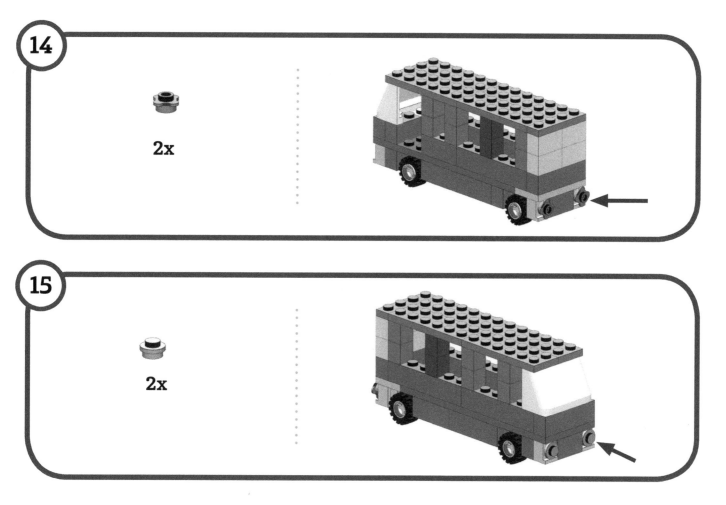

2x

15

2x

Build a
Blue Scooter

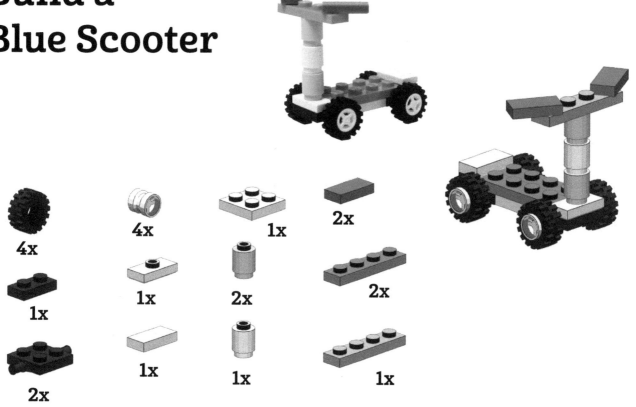

4x

4x

1x

1x

2x

2x

2x

1x

1x

2x

1x

1x

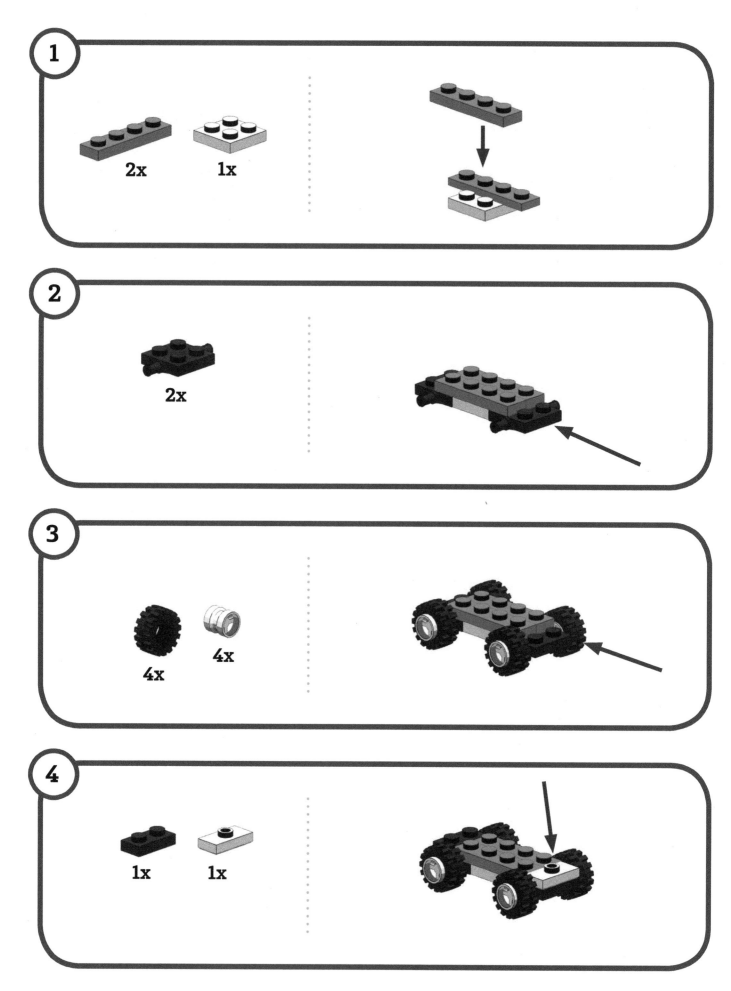

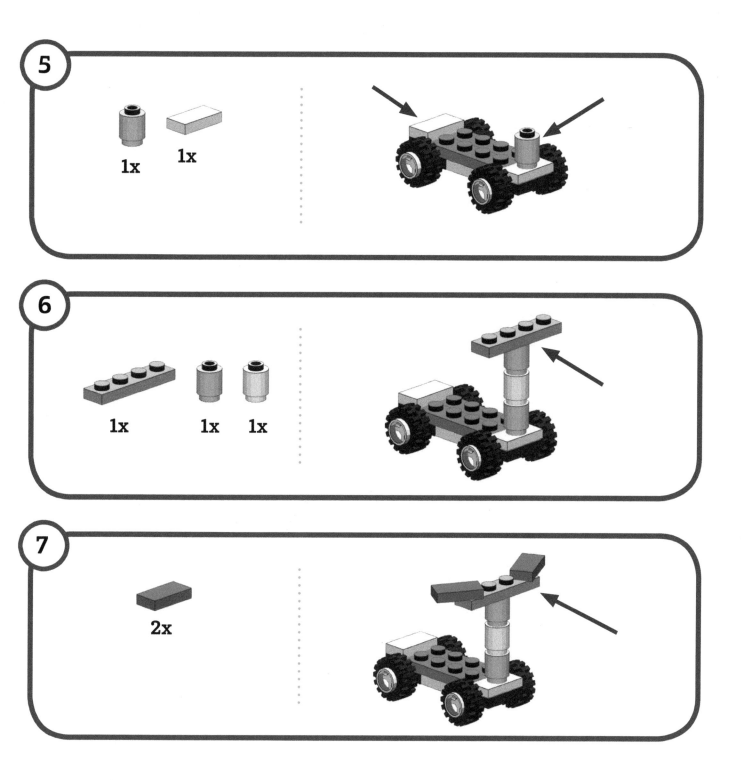

5 1x 1x

6 1x 1x 1x

7 2x

Build an Orange Scooter

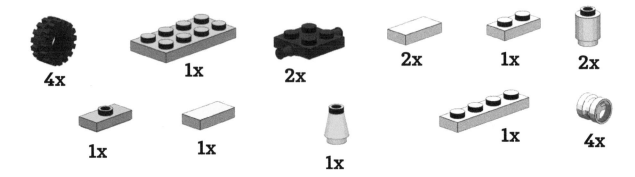

4x   1x   2x   2x   1x   2x

1x   1x   1x   1x   4x

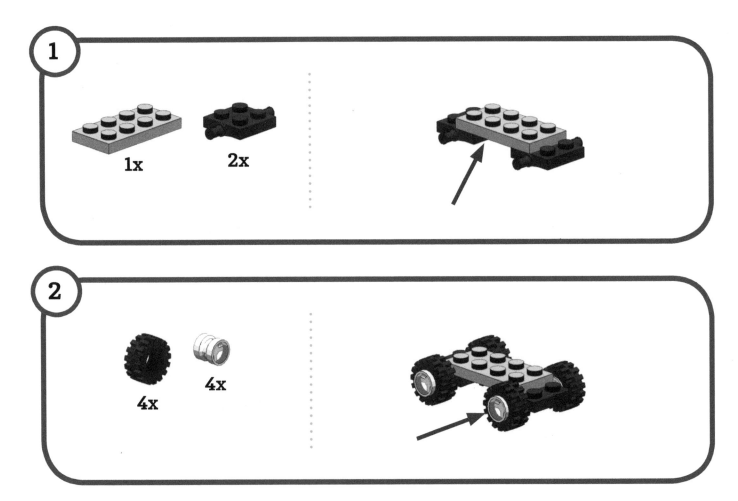

1

1x   2x

2

4x   4x

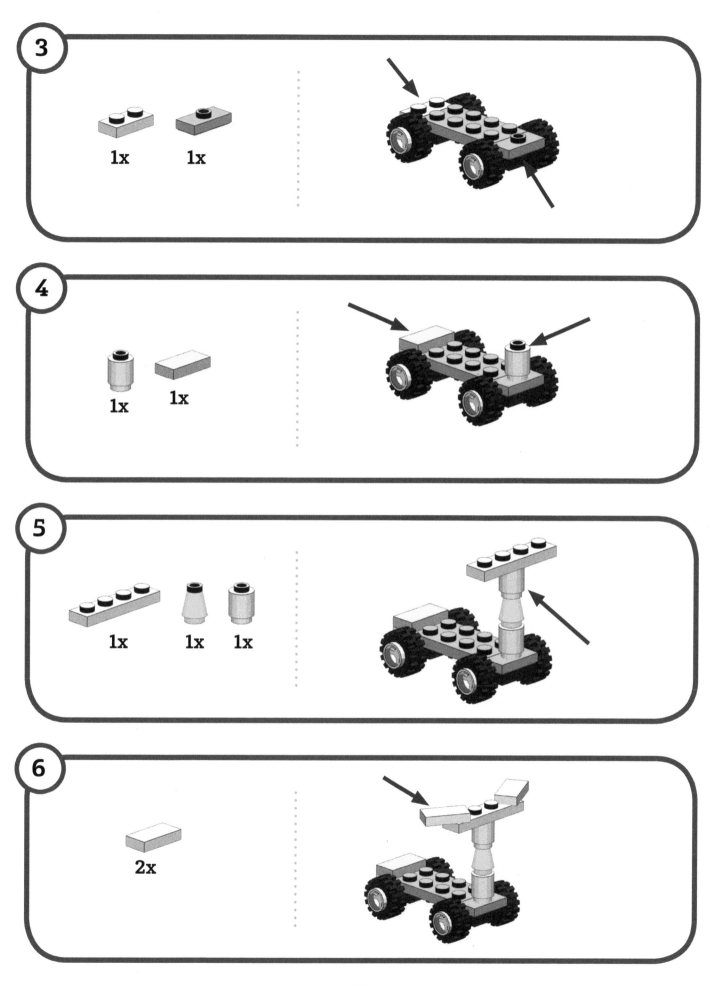

3

1x 1x

4

1x 1x

5

1x 1x 1x

6

2x

55

Truck Town

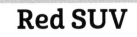

Red SUV

Yellow Truck

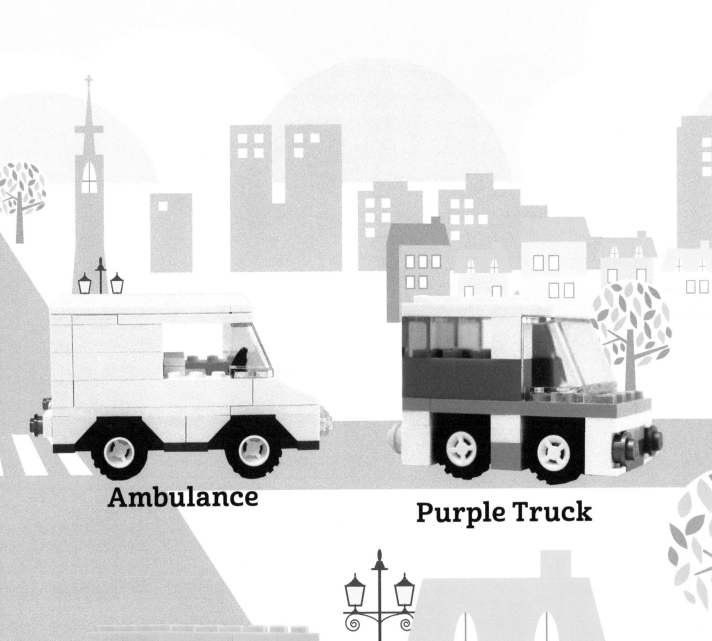

Ambulance

Purple Truck

Yellow SUV

Build a Red SUV

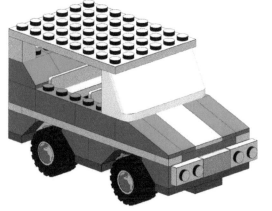

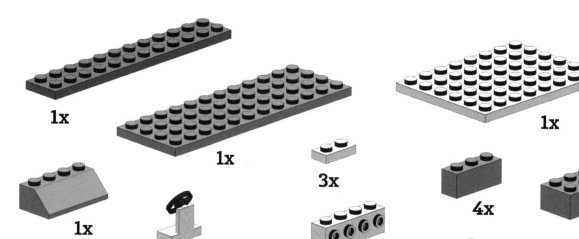

1x

1x

1x

1x

3x

4x

1x

1x

1x

2x

1x

4x

4x

1x

4x

2x

1x

2x

1x

1x

4x

8x

1x

8x

2x

1x

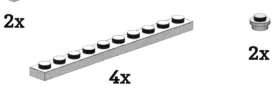

4x

2x

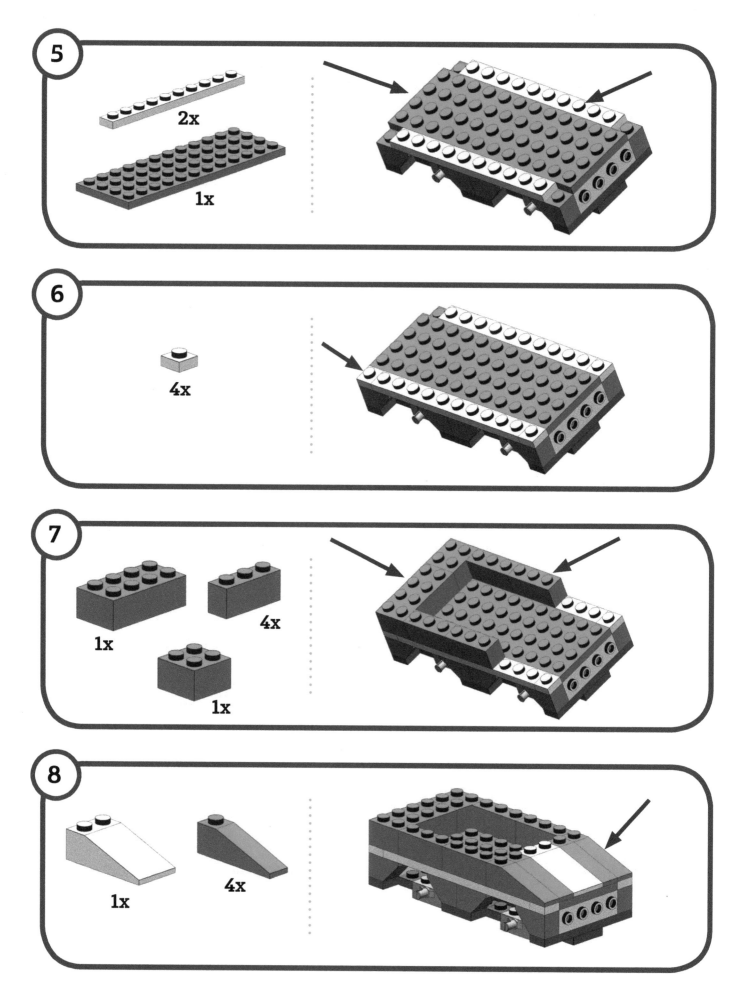

5

2x

1x

6

4x

7

1x

4x

1x

8

1x

4x

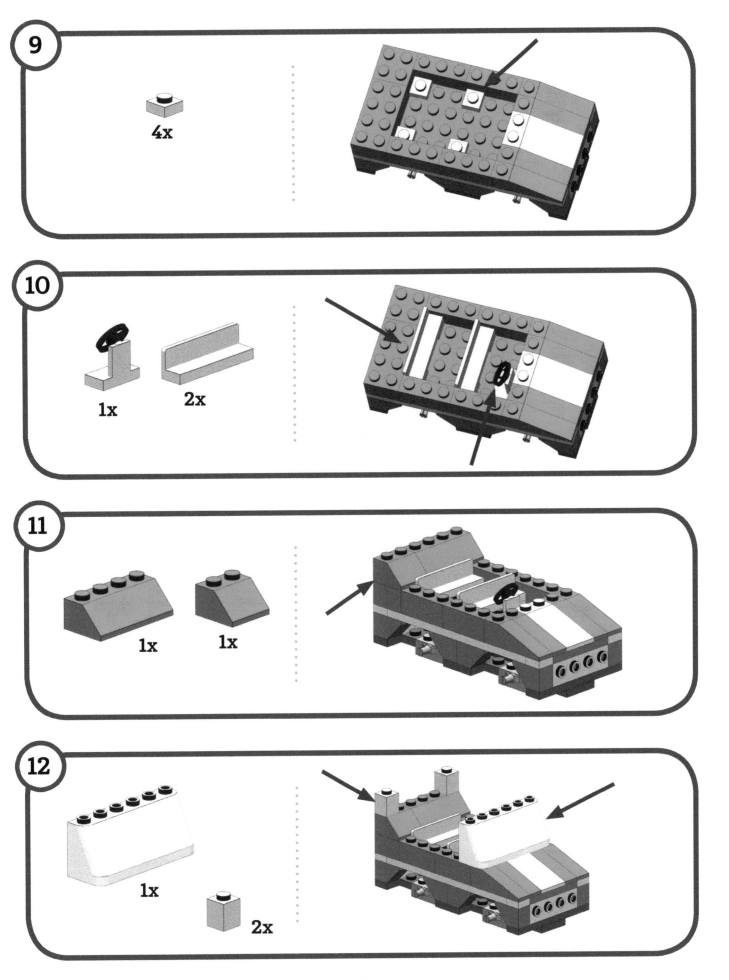

9 4x

10 1x 2x

11 1x 1x

12 1x 2x

61

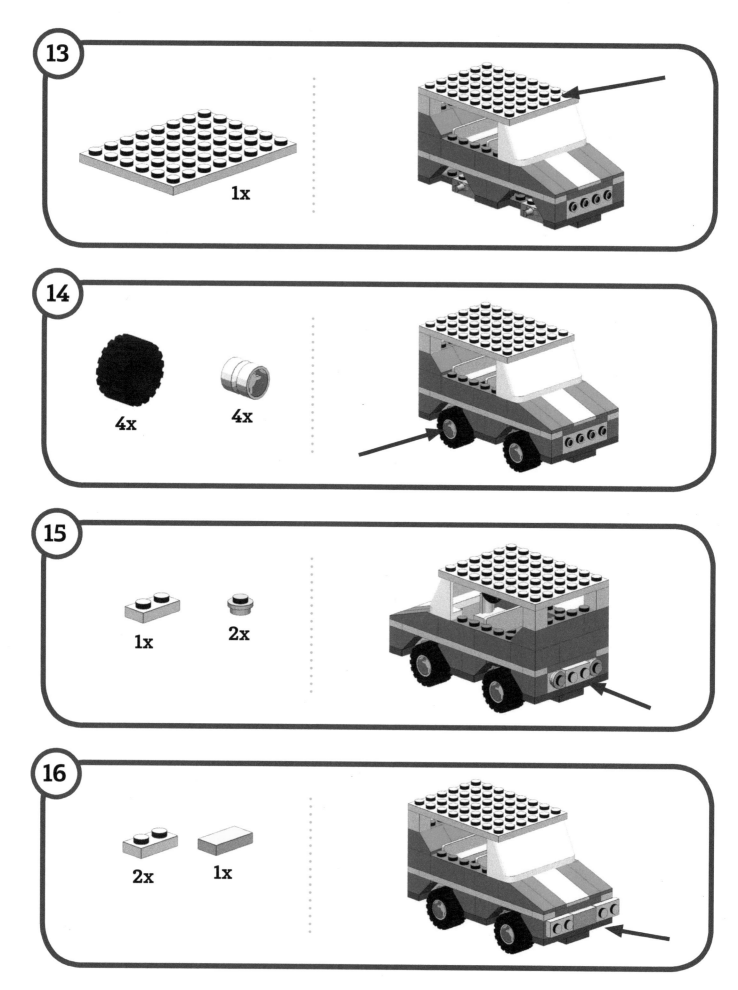

13

1x

14

4x 4x

15

1x 2x

16

2x 1x

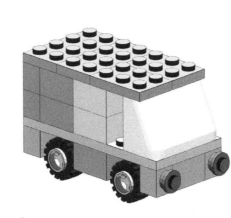

Build a Yellow Truck

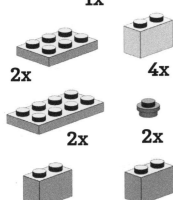
1x

2x

4x

4x

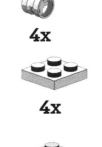
4x

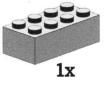
1x

1x

2x

2x

4x

1x

4x

4x

2x

4x

2x

3x

1

4x   2x   4x

2

4x

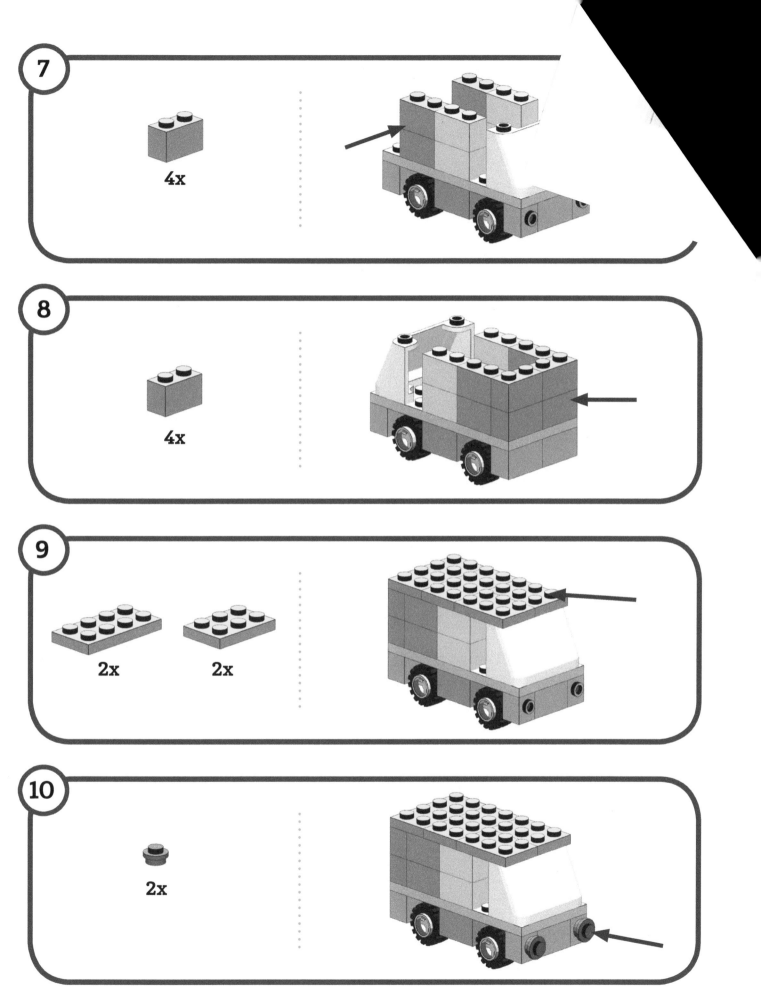

7 4x

8 4x

9 2x 2x

10 2x

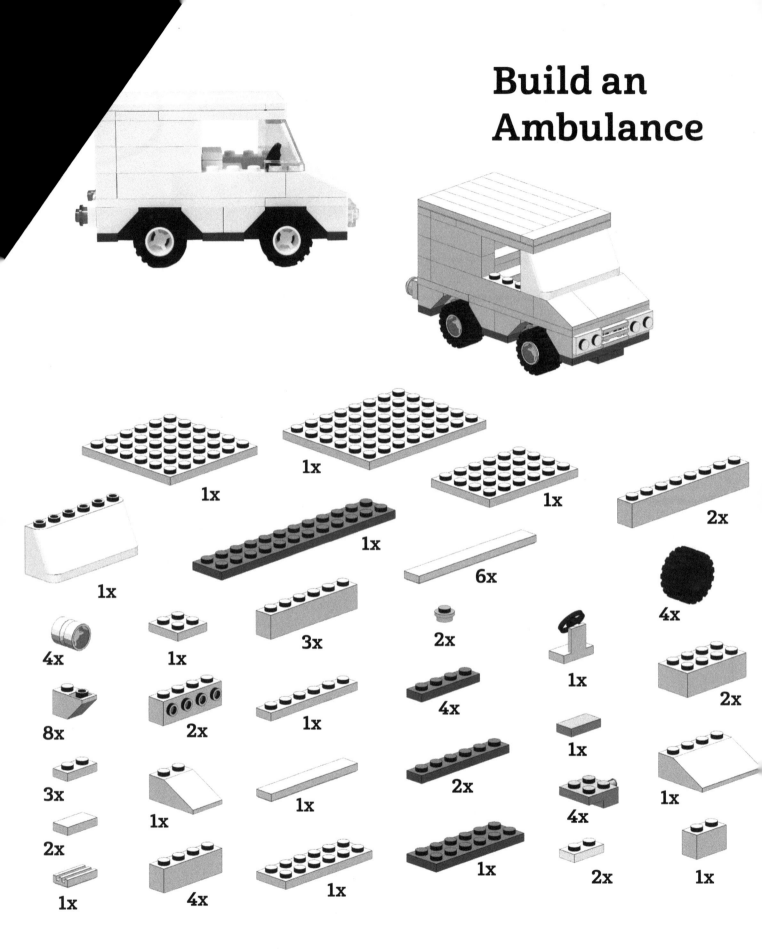

Build an Ambulance

1x

1x

1x

2x

1x

6x

1x

4x

4x

1x

3x

2x

1x

4x

8x

2x

1x

4x

1x

2x

3x

1x

1x

2x

1x

2x

1x

4x

1x

4x

2x

1x

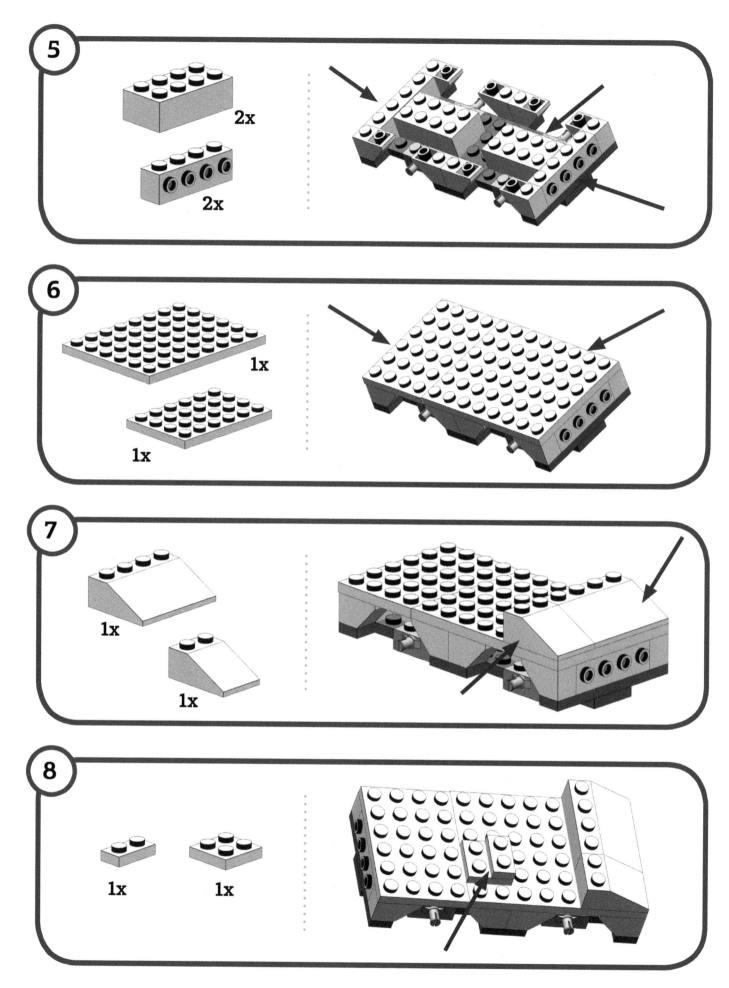

5

2x

2x

6

1x

1x

7

1x

1x

8

1x

1x

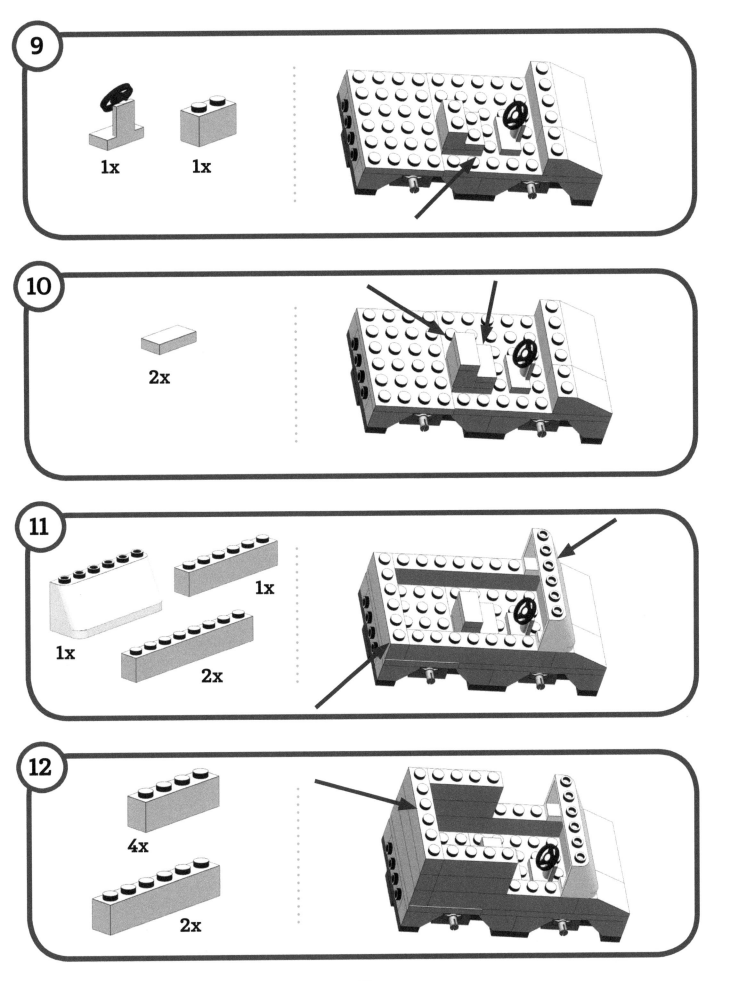

9

1x 1x

10

2x

11

1x

1x

2x

12

4x

2x

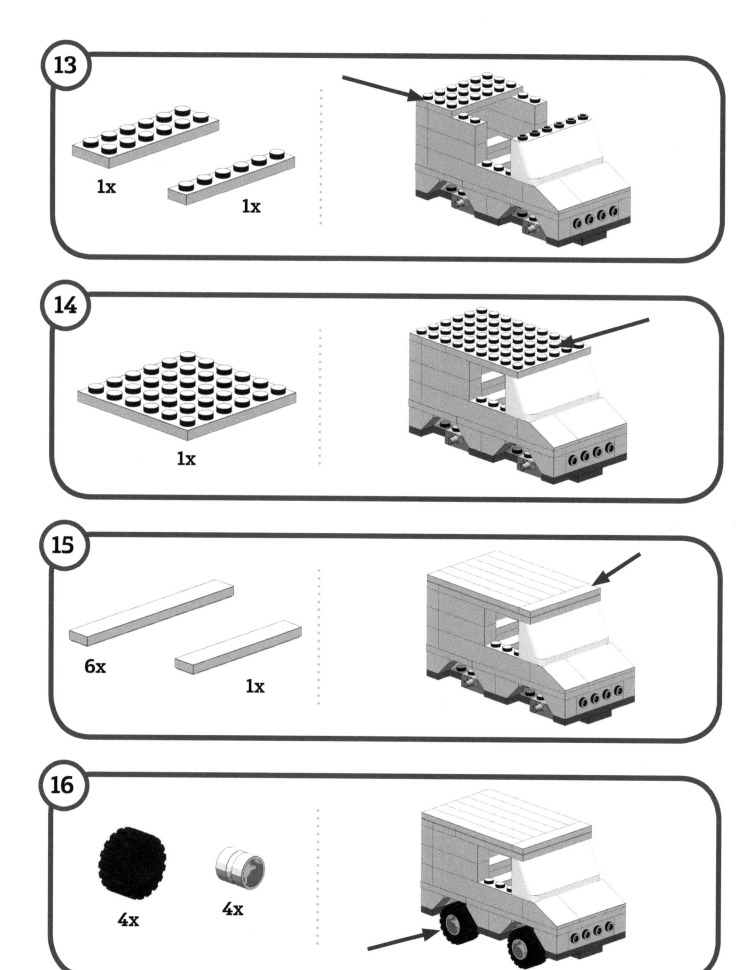

13

1x

1x

14

1x

15

6x

1x

16

4x

4x

17

2x   1x   1x

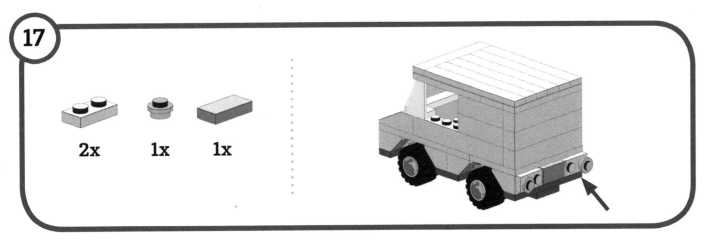

18

2x   1x

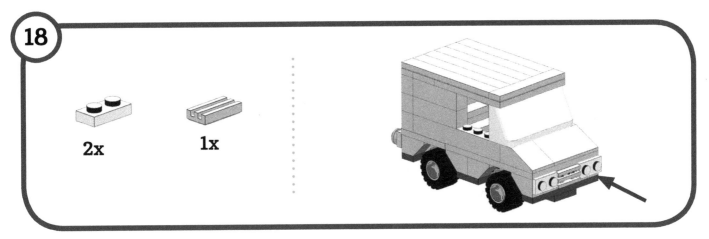

Build a Purple Truck

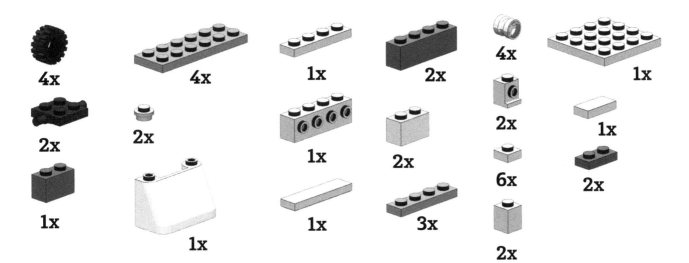

4x   4x   1x   2x   4x   1x

2x   2x   1x   2x   2x   1x

1x   1x   1x   3x   6x   2x

2x

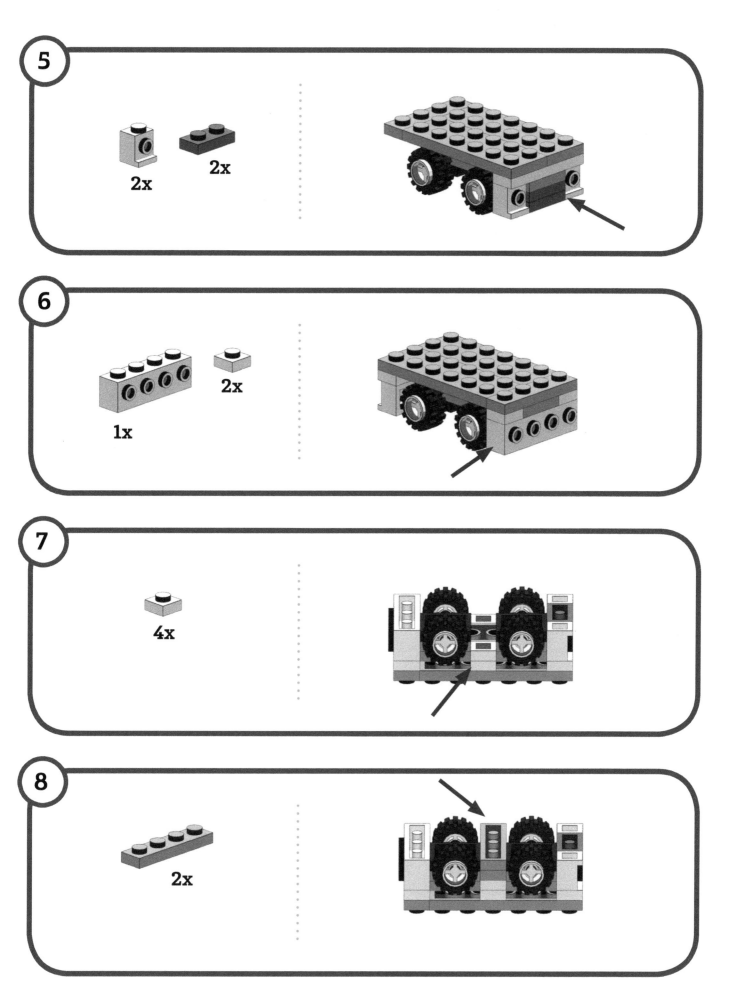

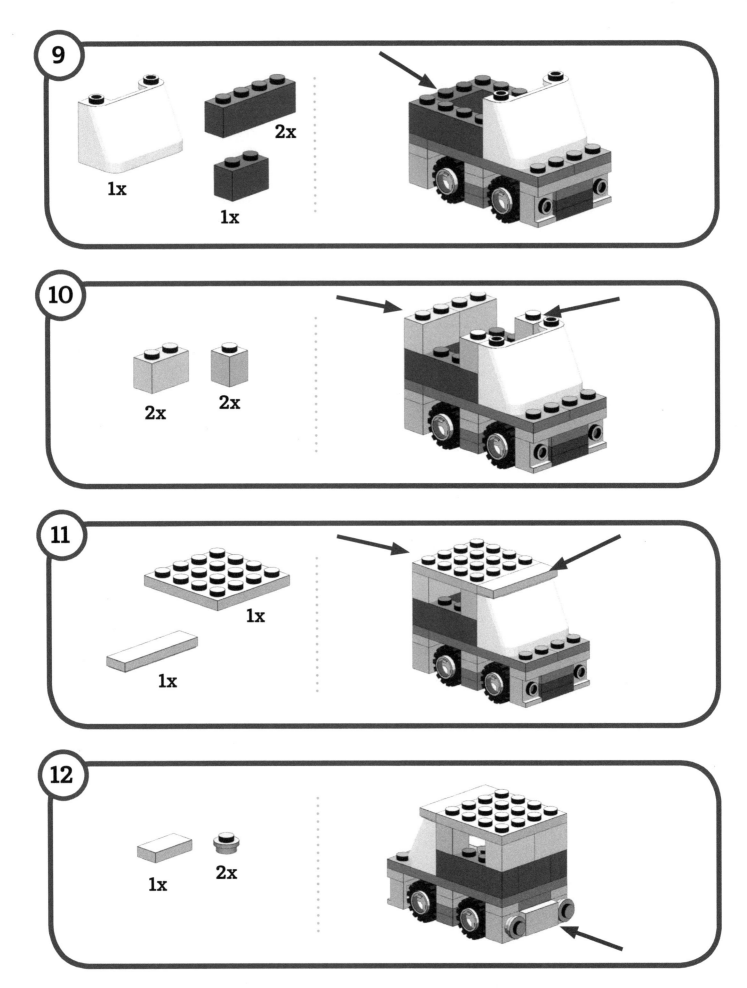

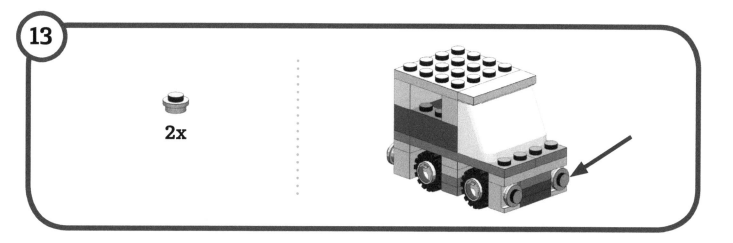

2x

Build a
Yellow SUV

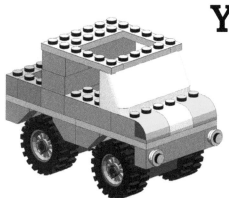

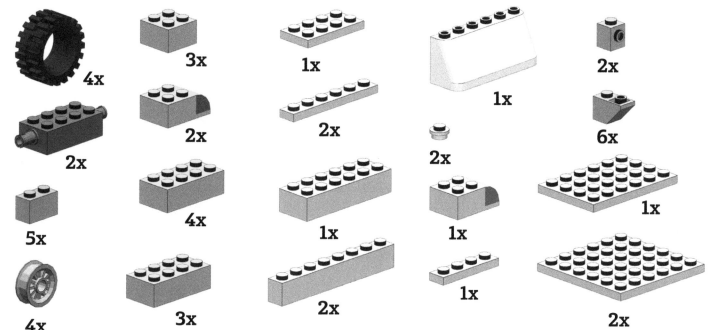

4x

3x

1x

2x

1x

2x

2x

6x

2x

2x

1x

1x

5x

4x

1x

1x

1x

4x

3x

2x

1x

2x

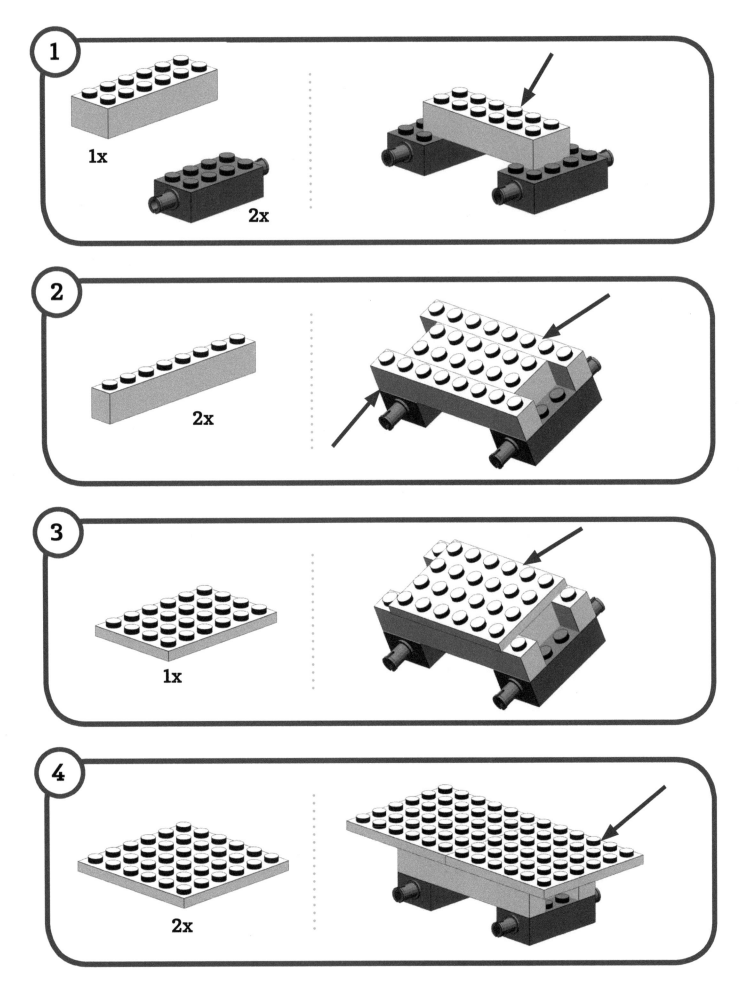

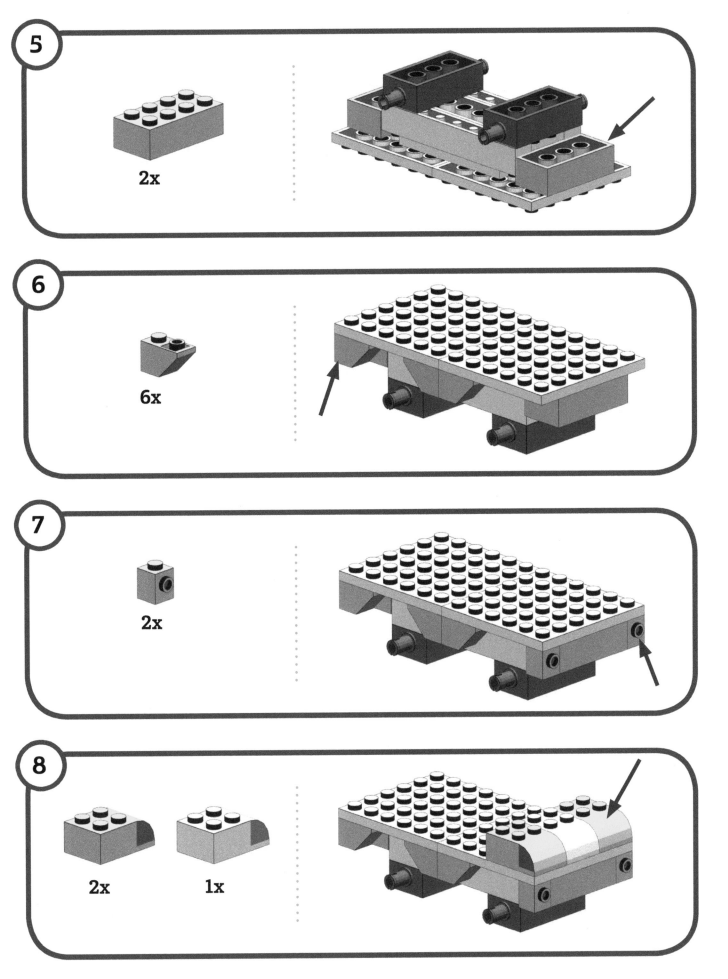

5 2x

6 6x

7 2x

8 2x 1x

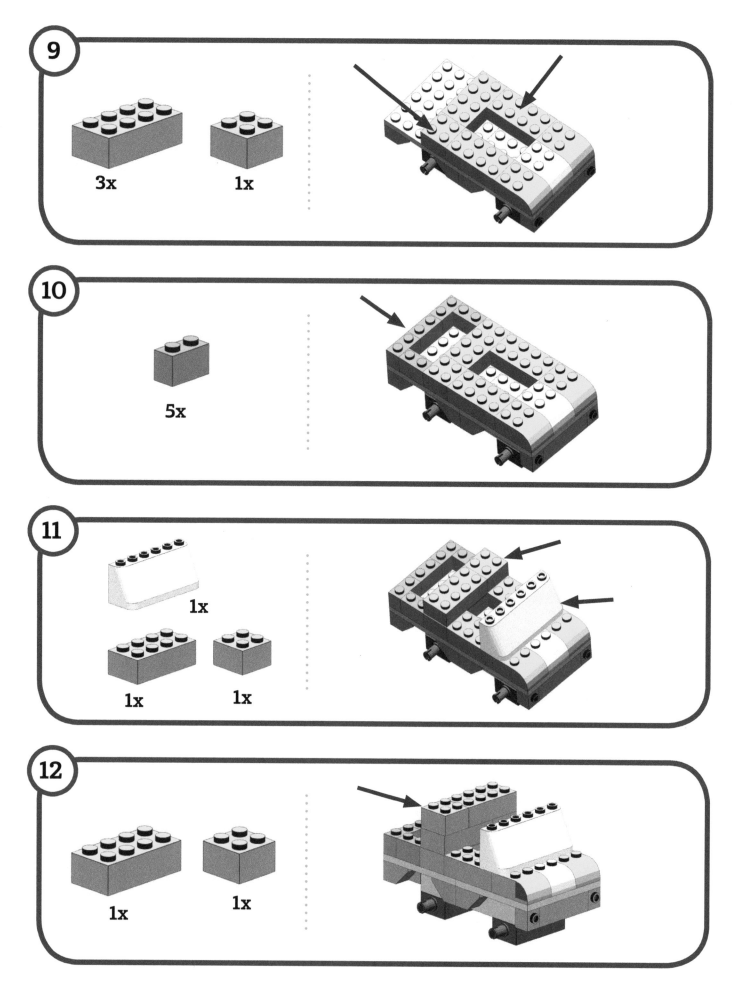

9

3x 1x

10

5x

11

1x

1x 1x

12

1x 1x

13

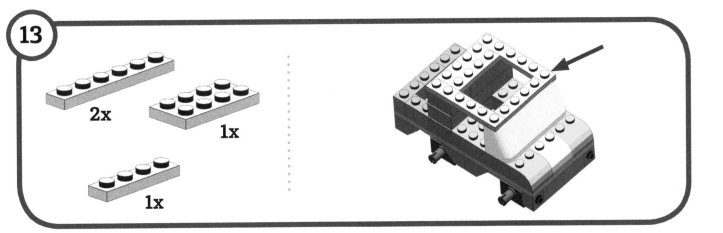

2x

1x

1x

14

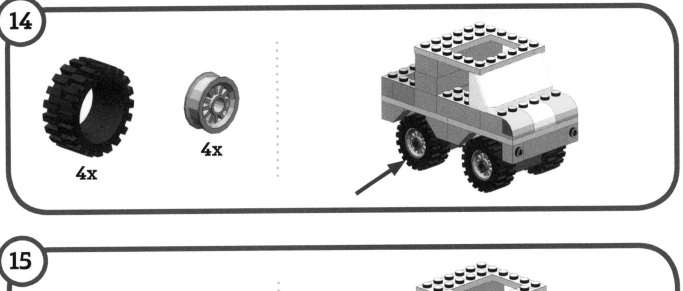

4x

4x

4x

15

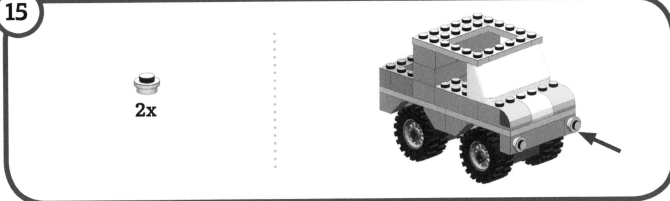

2x

Speedway

Orange Race Car

Blue
Race Car

Build a Blue Race Car

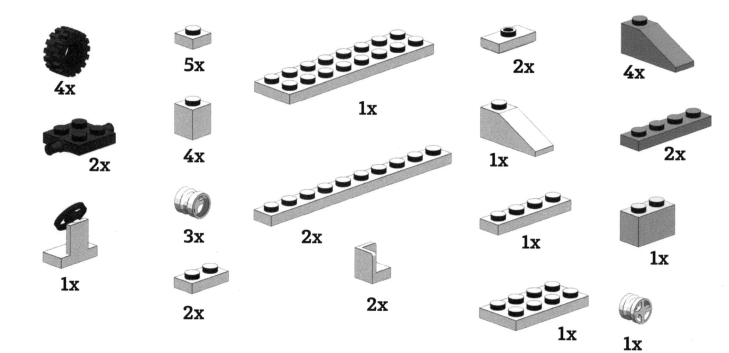

4x

5x

1x

2x

4x

2x

4x

1x

1x

2x

3x

2x

1x

1x

1x

2x

2x

1x

1x

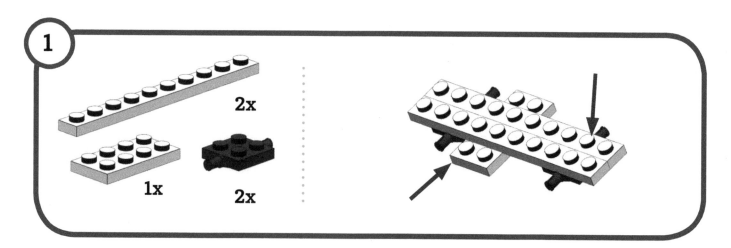

1

2x

1x

2x

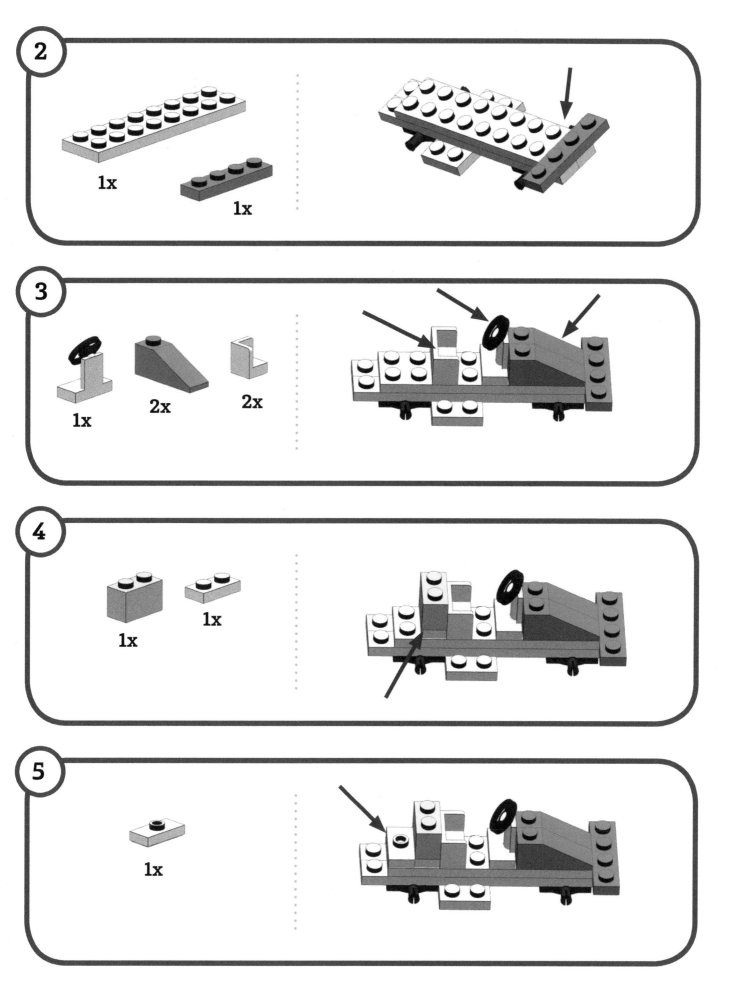

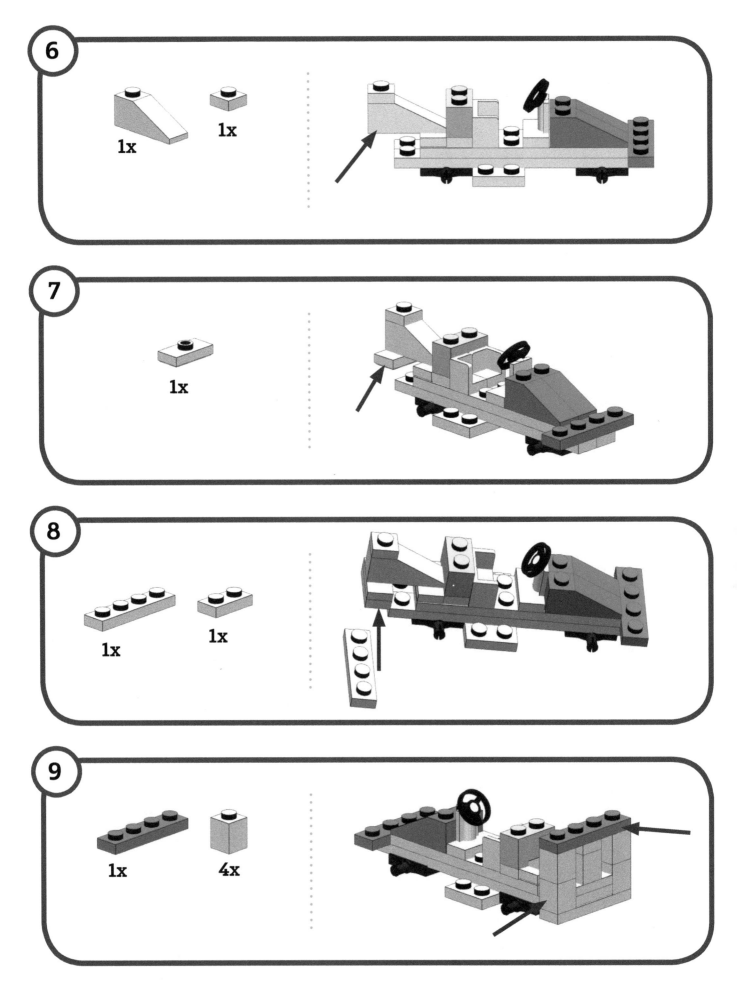

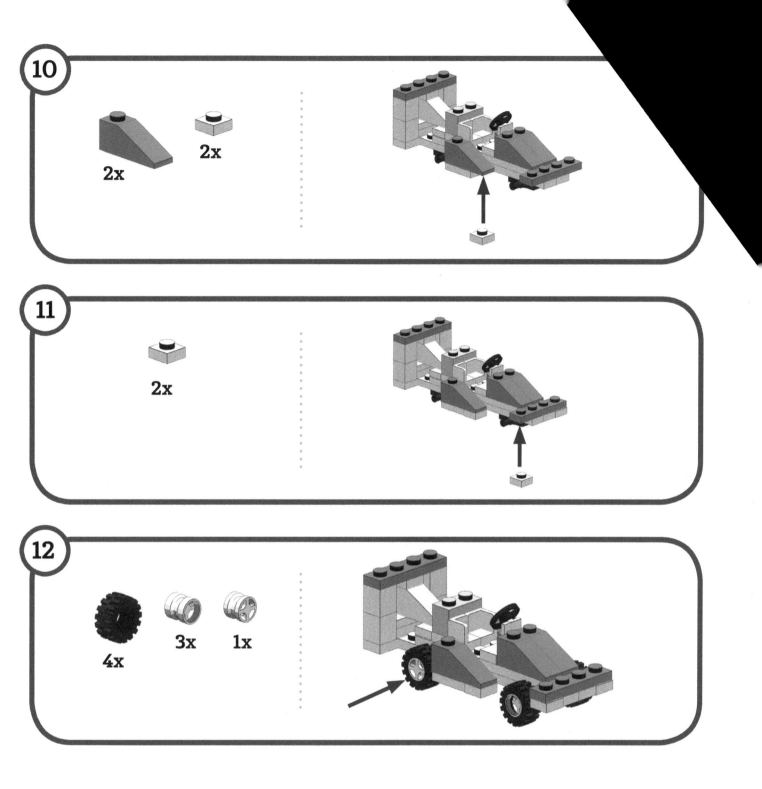

10

2x

2x

11

2x

12

4x

3x

1x

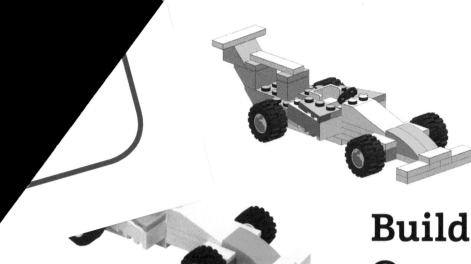

Build an Orange Race Car

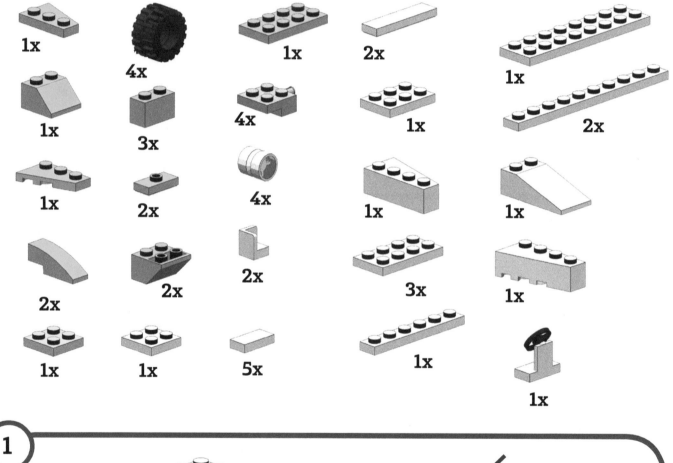

1x

4x

1x

2x

1x

1x

3x

4x

1x

1x

2x

1x

4x

1x

1x

2x

2x

2x

3x

1x

1x

1x

5x

1x

1x

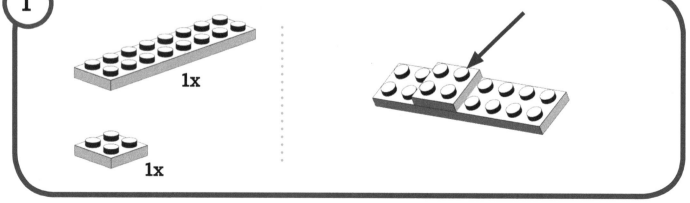

1

1x

1x

2

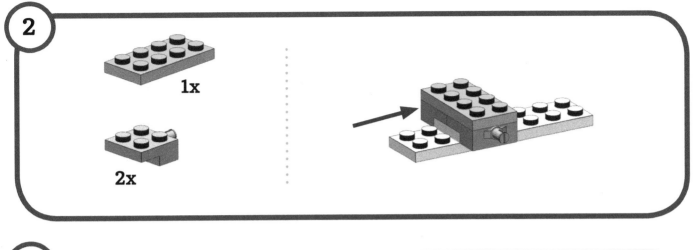

1x

2x

3

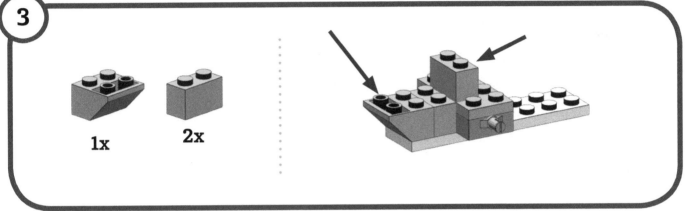

1x   2x

4

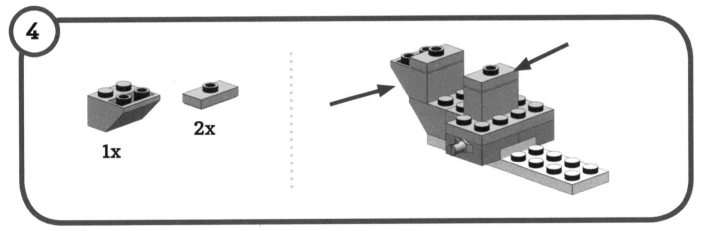

1x   2x

5

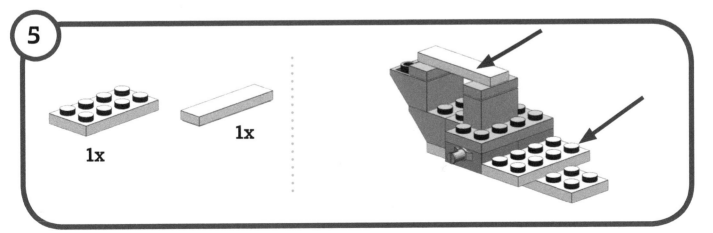

1x   1x

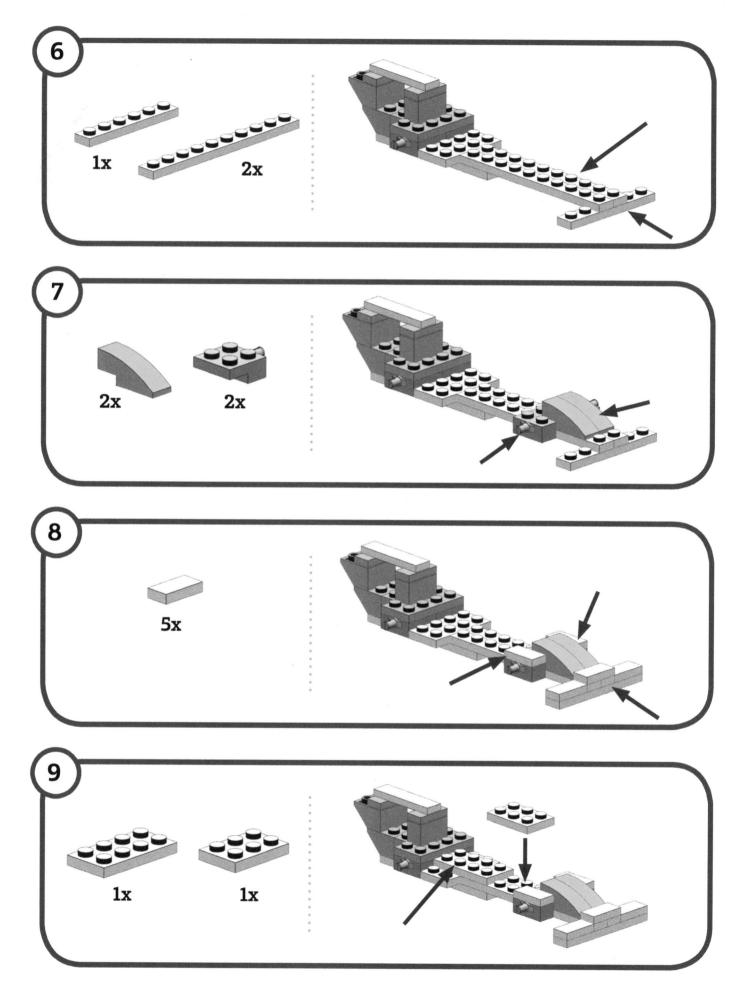

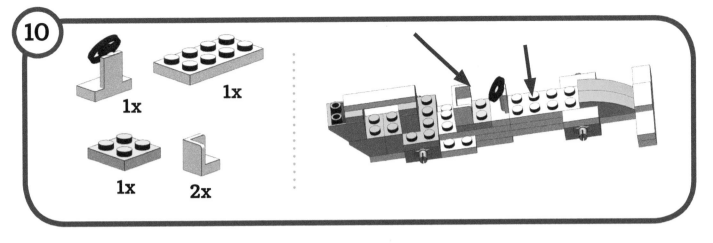

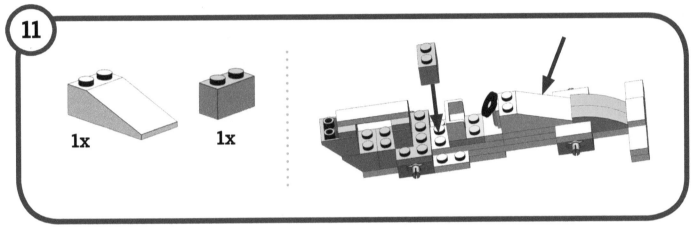

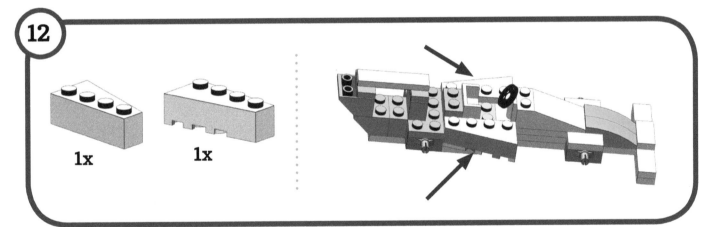

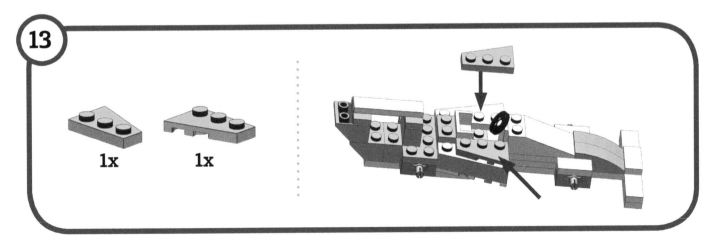

14

4x

4x

15

1x

1x

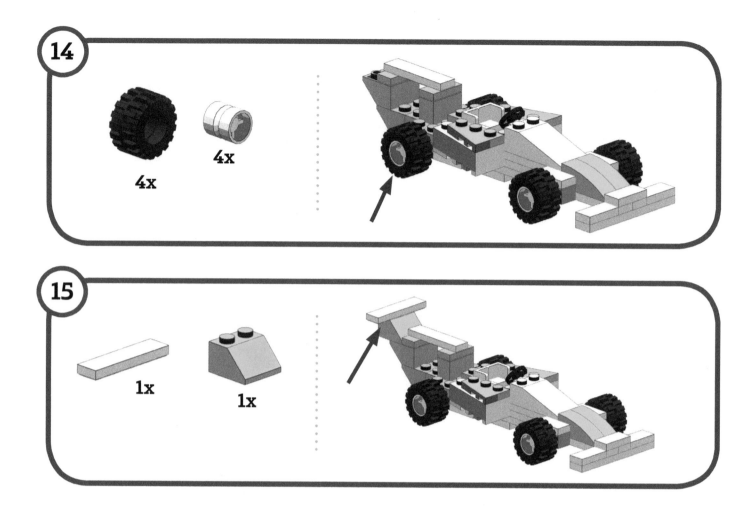

Library of Congress Control Number: 2016918975
International Standard Book Number: 978-1-513260-58-7 (paperback)
978-1-513260-60-0 (hardbound) | 978-1-513260-59-4 (e-book)

Designer: Vicki Knapton

Graphic Arts Books
An imprint of

GA
GRAPHIC ARTS
BOOKS®
™

GraphicArtsBooks.com

Proudly distributed by Ingram Publisher Services

The following artists hold copyright to their images as indicated: Page 1: Master3D/Shutterstock.
com; Railway Adventure on front cover (bottom), pages 6-7: intararit/Shutterstock.com; Winter
Wonderland on front cover (middle), pages 24-25: GraphicsRF/Shutterstock.com; Sight-
seeing by Land and Foot on pages 40-41: iStock.com/nakornkhai; Truck Town on pages 56-57,
back cover: KID_A/Shutterstock.com; Speedway on pages 80-81: iStock.com/lvcandy.

The author thanks the LDraw community for the parts database it makes available, which is used
for making instructions found in the book. For more information on LDraw, please visit ldraw.org.

Make sure your Build It! library is complete

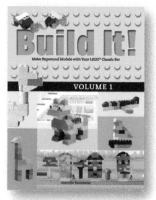

○ Volume 1

○ Volume 2

○ Volume 3

○ World Landmarks

○ Things that Fly

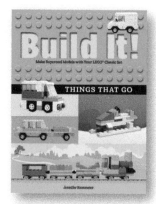

○ Things that Go

○ Things that Float

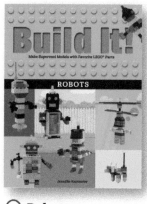

○ Robots

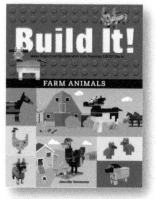

○ Farm Animals

○ Dinosaurs

○ Trains

○ Sea Life

Visit GraphicArtsBooks.com for more titles in the series